LA FEMME et L'ÉPOUSE

PAR

POL DE SAINT-MEL

PARIS

P. FORT

LIBRAIRE

19, rue du Temple.

La Femme et l'Épouse

BIBLIOTHÈQUE DE L'AMOUR

La Femme

ET

L'Épouse

PAR

PO'L DE SAINT-MERRY

PARIS

LIBRAIRIE P. FORT

19, RUE DU TEMPLE, 19

—

La Femme et l'Épouse

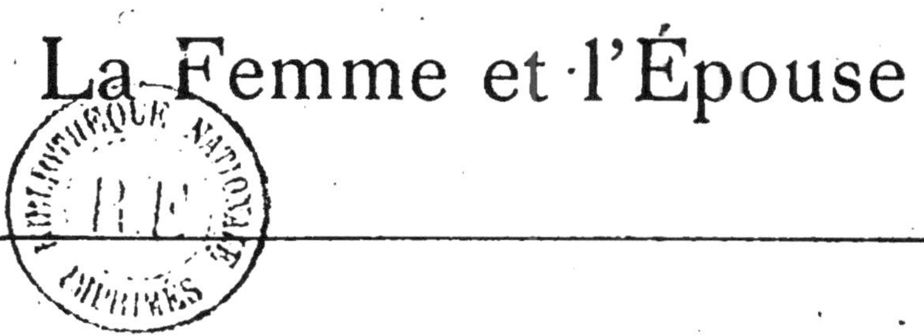

I

LA FEMME EST-ELLE DÉFINISSABLE ?

Des flots d'encre déjà ont été répandus sur ce sujet toujours passionnant, et il est certain que le premier homme qui ait confié au papier ses impressions ou le résultat de ses observations, a dû prendre pour thème l'étude et l'analyse de l'être mystérieux et troublant qui partageait sa vie.

Depuis les temps les plus reculés jusqu'à nos jours, combien de penseurs n'ont-ils pas posé cette redoutable question :

— Qu'est-ce que la Femme ?

Combien l'ont résolue ?... Aucun !

Théoriciens de l'éducation, moralistes, de toutes les écoles, philosophes, psychologues, ont de tout temps observé et dépeint la nature de la Femme ; le roman, le drame, la comédie se sont emparés aussi de cet inépuisable sujet.

Qu'est-il résulté de toutes ces observations ? Rien.

La Femme reste ce qu'elle a toujours été : le sphinx, l'éternel mystère, l'être Protée aux transformations multiples, soudaines et déconcertantes.

Allons-nous à notre tour essayer de soulever un coin du voile, sous lequel se dérobe jalousement cette entité si complexe, l'âme de la Femme ?

Non certes, et nous avouons, — ce que n'ont pas avoué la plupart des observateurs qui ont étudié la question, — que nous ne pourrions juger la Femme en toute impartialité.

Et précisément, c'est cette impartialité, presque matériellement impossible à un homme à l'égard de la Femme, qui a toujours rendu dérisoires, empiriques, les différentes définitions essayées jusqu'à présent.

Certainement, il y a autre chose que de la galanterie préméditée, de la malice voulue ou des fadaises dans ce qu'ont écrit sur la Femme Fénelon ou La Bruyère ; mais ces profonds penseurs sont-ils à même de pénétrer les insondables profondeurs du vivant mystère qui se présente à chacun de nous sans cesse sous un aspect différent et qui ne se livre jamais ?

Ont-ils suivi la femme dans toutes les phases

de son existence, en ont-ils observé dix, cent, mille, cent mille? Et l'eussent-ils fait, leur travail resterait encore incomplet, car il en surgirait une cent mille et unième dont un trait particulier, nouveau, non encore vu, viendrait tout remettre en question.

II

ESSENCE DE LA FEMME

La Femme est-elle donc d'une essence particulière? Son cerveau est-il donc construit
d'une façon autre que le nôtre ?

Non, mais sa constitution et ses fonctions
physiologiques en font au point de vue moral
un être aussi différent de l'homme qu'elle l'est
au point de vue physique.

Entre l'homme et la femme il n'y a ni supériorité ni infériorité, mais seulement des différences.

« Nous sommes autres que les hommes, dit
Mme de Gasparin, nous avons ce qui les achève
en tous sens. . . . .

La beauté physique de la femme n'en est pas
moins parfaite pour n'avoir pas les caractères
énergiques qui la constituent chez l'homme ; la
beauté morale n'en existe pas moins dans l'âme
de celle-là pour ne posséder aucun de ces traits

vigoureux, sans lesquels elle n'est point chez celui-ci. Chacune est type dans son genre, chacune à son idéal et l'idéal absolu se compose de l'union de ces deux idéaux composés.»

Cette opinion est partagée par de Ségur.

« Les femmes sont, dit-il, une seconde âme de notre être, qui, sous une autre enveloppe, correspond intimement à toutes nos pensées, qu'elles font naître et partagent; à nos faiblesses, qu'elles peuvent plaindre sans en être atteintes.

« L'homme est-il malheureux ? il demande à son âme une force dont il a besoin pour résister aux souffrances physiques, aux douleurs morales encore plus difficiles à supporter. Mais ce secours, ne venant que de lui, participe nécessairement de l'abattement qui se communique à tout son être.

« Appelle-t-il sa seconde âme ? c'est alors qu'il retrouve ces femmes dignes d'être adorées, ces femmes qui sous des formes enchanteresses lui apportent un calme inattendu, lui font sentir, par tous les points de son existence, que, paraissant autres que lui, elles sont encore lui ; sans cesse il trouve à ses côtés ces anges de la terre qui font pressentir la consolation avant même de l'avoir offerte, qu'on croit d'avance avant d'être persuadé et qui semblent un asile contre le malheur. »

III

LE RÔLE DE LA FEMME

La fonction essentielle, naturelle de la
Femme, c'est la maternité, et tous les sentiments féminins découlent de là.

A la Femme cette sensibilité exquise qui
se retrouve chez toutes, à quelque classe
qu'elles appartiennent, cette sensibilité spéciale, faite de tendresse, de soins, de protection pour l'enfant, cet instinct maternel qui re-
paraît même dans l'amour.

A la Femme cet ensemble de qualités quas
divines qui fait tout le fonds de sa passion, c
besoin absolu de dévouement, cet esprit d
sacrifice, cette pitié si délicate, cette bienfai
sance qui sait se faire si ingénieuse et ce cou
rage à toute épreuve qui ne se dément jamais
pour lequel aucun danger n'existe.

Pourquoi donc ainsi douce la Femme a-t
elle été toujours par l'homme tenue dans u

état de sujétion, parfois révoltant, et n'est-ce pas à cette injustice flagrante, que n'excuse pas l'infériorité physique, que l'on doit attribuer ce qui semble anormal et mauvais dans ses façons d'être et d'agir ?

La Femme a-t-elle même dans nos sociétés soi-disant civilisées la place qu'elle mérite ?

Considérée par le plus grand nombre comme chair à plaisir, créature d'agrément, mais d'ordre inférieur, sans intelligence ni raison, comme un animal de prix, capricieux et malfaisant ; par beaucoup aussi, comme un simple instrument de travail, la Femme a dû chercher à se défendre par les moyens à sa disposition.

Son esprit merveilleusement souple, lui permettant de s'assimiler rapidement les moindres nuances, lui fait bien vite démêler la frivolité des hommages dont on l'entoure et si elle feint d'accepter la royauté de convention qu'on lui offre, elle sent parfaitement que le vrai respect lui manque et elle agit en conséquence.

Pour elle pas de juste milieu, il lui faut plaire ou tromper !

De là son habileté à dissimuler, son ardeur à rivaliser avec les autres femmes, son esprit de ruse, de coquetterie, sa partialité pour qui lui plaît, sa cruauté pour qui ne lui plaît pas.

De là son dévouement aux personnes plutôt qu'aux principes, son amour plus profond que large, son égoïsme dans lequel la vanité tient plus de place que l'orgueil.

De là cette sorte de franc-maçonnerie des femmes entre elles dont parle Shopenhauer dans *Sagesse*. Elles sentent d'instinct qu'il n'y a pour elles que le mariage et elles s'unissent tacitement pour forcer les hommes à capituler.

Et combien elles y réussissent !

Car, malgré son état d'infériorité apparente, la Femme de tout temps a exercé sur l'homme une prépodérance évidente, et si ce dernier dans son orgueil s'est appliqué le titre de roi de la création, la Femme, a bien plus juste raison, pourrait s'en proclamer la reine incontestée, même de par son droit de naissance.

N'incarne-t-elle pas, en effet, bien plus complètement que l'homme, l'idée du Beau, du Beau unique, comme sont uniques aussi le *Vrai* et le *Bon* ?

N'est-elle pas reine de par sa grâce, de par sa faiblesse même, cette faiblesse qui constitue précisément une force redoutable à laquelle rien ne saurait résister ?

LA FEMME

IV

GENÈSE DE LA FEMME

Le profond et impénétrable mystère qui entoure encore les origines de l'humanité nous oblige à admettre en principes les récits bibliques, et même en se tenant le plus près possible de la lettre des écritures sacrées, on est forcé de constater que l'homme a eu grand tort jusqu'ici de tirer vanité des circonstances dans lesquelles s'est opérée sa création. Car s'il fut tiré du limon, de la boue de la terre, la Femme est issue de lui-même, de cette matière, déjà affinée par la première transformation divine. Il est donc logique de supposer que la seconde créature doit avoir sur la première un certain degré de supériorité, car il est bien évident que si d'un produit déjà épuré on extrait un autre élément, celui-ci sera nécessairement plus pur encore.

« La Femme l'emporte sur l'Homme par la matière de la création.

« Ce mâle qui fait tant le fier et qui maîtrise si fort la femelle, de quoi a-t-il été formé ? D'un peu de boue vile et inanimée; mais la femme ! Oh ! que c'est bien une autre origine ! son artisan l'a fait d'une manière purifiée, vivifiée, et animée; et comme notre âme est semblable à un écoulement de l'essence divine, la femme peut se vanter d'être presque sortie de la divinité. »

Corneille (Aprippa).

Ne sont-ils pas aussi bien significatifs ces noms du premier homme et de la première femme ?

Adam signifie terre. Ève veut dire vie. Et ce n'est pas seulement dans la Bible que se retrouvent ces appellations symboliques : dans les Vedas Indous le premier homme est Adimo, *le Seigneur*, la première femme Procrite, *la Vie*

La vie ! La Femme, c'est la vie ! cette chose supérieure à toutes les autres, ce trésor sans prix, bien plus précieux que tout au monde.

V

SOUVERAINETÉ DE LA FEMME

Ne semble-t-elle pas reconnue presque officiellement, cette souveraineté de la Femme ? En parcourant l'histoire ancienne et celle des siècles moyens, on dirait que, dans un accord tacite, tous les écrivains se sont plu à nous transmettre les plus pompeux éloges des femmes, au lieu de nous donner l'histoire de leurs mœurs et les moyens de perfectionner leur éducation.

N'est-ce pas de cette façon que l'on agit envers les souverains ? Ne sont-ils pas accoutumés à entendre louer sans distinction leurs actions bonnes ou mauvaises, utiles ou pernicieuses, justes ou tyranniques ?

C'est bien ainsi que la plupart des poètes ont parlé de la Femme.

Ils n'ont voulu voir en elle que la personnification de l'idéal rêvé, la créature suprême, prodige de beauté et de vertu, réunissant en elle toutes les perfections.

Et en somme, ils ont raison les poètes, car la Femme est tout cela, ou du moins elle pourrait être tout cela si nous ne l'obligions, par une éducation mal comprise, à dissimuler ses réelles qualités, son véritable caractère, sous cette enveloppe énigmatique, déroutante, qui lui sert de défense, d'armes souvent et dont nous sommes les premières victimes.

Ah! combien en iraient mieux les choses, combien la vie en deviendrait plus douce et plus facile, si la Femme pouvait, sans danger pour elle, donner libre essor à ses qualités natives, si on lui donnait la place à laquelle elle a droit! Non pas seulement comme compagne de l'homme, non pas seulement à titre de maîtresse ou d'amante, mais comme le complément rationnel et logique de l'entité humaine qui doit joindre à la force la grâce et la beauté. Les femmes sont les fleurs brillantes du parterre humain, des êtres délicats et fragiles, dont la faiblesse exige notre appui, dont la tendresse appelle notre amour, dont la douceur corrige notre rudesse, dont la bonté nous inspire la vertu, dont la grâce est l'un des mystères de la nature et l'un des charmes les plus puissants de la vie.

Les anciennes civilisations paraissaient avoir

mieux compris que les générations suivantes le rôle important de la Femme, et pour n'en citer qu'un exemple, quelle différence n'existe-t-il pas entre la situation actuelle de la Femme en Égypte et celle qu'elle occupait au temps des immémoriaux Pharaons !

Tout ce que l'archéologie nous apporte de ces époques si lointaines, nous montre la Femme en tout et toujours sur le pied d'une égalité parfaite avec l'homme ; la statuaire, la peinture nous la représentent dans les cérémonies, dans les banquets, dans les scènes de la vie de famille, partout enfin exerçant son charme sur son entourage, prodiguant sa beauté et sa grâce, apprêtée, parée, chargée de bijoux et de fleurs. Nous la voyons même investie de certain sacerdoces.

Qu'il y a loin de cette existence libre et honorée à celle que mènent dans les stupéfiantes, abrutissantes pratiques du harem, ces troupeaux d'esclaves femelles qui n'ont que la mission de servir au plaisir du maître !...

Et cependant ces femmes n'ont-elles pas, elles aussi, leur instant de royauté souveraine ?... ne voient-elles pas, à certaines heures, le maître redouté à leurs pieds, implorant, vaincu ?

Nul ne peut échapper à la domination du beau que personifie la Femme au suprême degré ; elle semble porter un invisible diadème et tenir en main le sceptre du pouvoir absolu. Qu'elle apparaisse, tout s'empresse autour d'elle ; qu'elle commande, elle est obéie ; qu'elle parle, tout se tait ; qu'elle soit née dans la boue ou sur les marches d'un trône, l'âge des amours la verra au faîte des honneurs et du pouvoir. D'un geste de sa main, ses amis sortiront de la fange pour envahir les dignités ; d'un signe, ses amis rentreront dans le néant.

La Pompadour, la Dubarry sont encore bien près de nous, et que n'eussent pas fait ces femmes dont l'empire fut si grand, si elles avaient pu ne donner carrière qu'à leurs seules qualités, si elles n'avaient dû défendre la situation que leur a valu leur beauté, contre la haine envieuse et la basse jalousie.

VI

LA BEAUTÉ CHEZ LA FEMME

Si les qualités morales de la femme se retrouvent exactement les mêmes sous toutes les latitudes, il n'en va pas ainsi de ses qualités physiques.

Chaque race, chaque pays a un genre de beauté qui lui est propre, mais qui n'en est pas moins la beauté, s'identifiant, s'harmonisant d'après des lois inéluctables avec les milieux ambiants, avec les goûts particuliers aux différents peuples, avec les progrès toujours croissants de l'esthétique pure dont chaque individu porte en soi l'intuition.

Les anciens avaient sur la beauté de la Femme des goûts bien différents des nôtres.

Un petit front, des sourcils joints ou presque point séparés étaient des agréments dans le visage d'une femme.

En Chine et au Japon, c'est une beauté d'avoir

le visage large, les yeux petits et couverts, le nez court et large, les pieds extraordinairement petits.

La beauté sublime ne consiste pas seulement dans la douceur moelleuse d'une peau satinée, dans la couleur fleurie d'un teint de lis et de rose, dans la langueur séduisante des yeux humides, dans la vivacité piquante des yeux pleins de feu, mais elle est plus encore, elle est surtout dans la juste proportion des traits et dans leur harmonie la plus complète.

Cette beauté se rencontre plus fréquemment dans les pays qui jouissent d'un ciel pur, d'un sol plus fertile, et d'un plus doux climat.

Si l'Italie renferme de plus belles personnes que la France, Malte produit de plus belles femmes que l'Italie.

En Ionie, où l'on jouit d'un perpétuel printemps, où la température est plus constante et plus soutenue, se rencontrent plus de jolies femmes que dans tout le reste de la Grèce.

Nous avons, nous peuples d'Europe, une conception de la beauté de la Femme qui a été établie par un vieil auteur français d'une façon assez originale pour que nous la citions ici.

Il faut à la femme parfaite :

Trois choses blanches : la peau, les dents et les mains.

Trois noires : Les yeux, les sourcils et les cils.

Trois rouges : Les lèvres, les joues et les ongles.

Trois longues : Le corps, les cheveux et les mains.

Trois courtes : Les dents, les oreilles et les pieds.

Trois larges : La poitrine, le front et l'entre-sourcil.

Trois étroites : La bouche, la taille et le bas de la jambe.

Trois grosses : Les bras, la cuisse et le mollet.

Trois déliées : Les doigts, les cheveux et les lèvres.

Trois petites : La tête, le menton et le nez.

Est-ce bien à cet idéal que répondent la plupart des femmes qui ont cependant une réputation de beauté bien avérée ?

Evidemment non, ce ne sont là que des indications générales, et une femme peut plaire, peut déterminer même des passions violentes, sans pour cela réaliser le programme complet de la beauté classique.

Ah ! c'est qu'à côté de la beauté proprement dite, de la froide harmonie des lignes, il y a chez la Femme un autre charme plus exquis : la Grâce.

VII

LA GRACE CHEZ LA FEMME

C'est surtout chez nous, chez la Française, que cette qualité pour ainsi dire native se retrouve dans sa plus haute acception.

La Femme française possède au suprême degré un art difficile, l'art de plaire.

L'art de plaire n'est pas l'art d'être coquette, car la coquetterie consiste à faire ouvertement ou tacitement des avances inconvenantes et coupables, qui poussent en quelque sorte un homme à faire sa cour, qui lui forcent en quelque sorte la main et finissent par attirer son mépris s'il a de l'expérience, ou par le rendre malheureux s'il est accessible à la passion.

Au contraire, l'art de plaire consiste pour la Femme parfaite à faire le bonheur de l'homme qu'elle aime, à lui paraître en toutes circonstances l'être uniquement fait pour lui et le plus digne de son affection et de son estime; il consiste surtout à conserver le plus longtemps possible les premiers dehors qui l'ont séduit et à satisfaire ses goûts, sans jamais éteindre ses désirs.

Oui, c'est là ce qui a fait à toutes les époques et qui fait encore aujourd'hui la supériorité incontestée de la Française. Elle sait, avec un art accompli, faire briller du plus grand éclat et conserver tous les attraits dont la nature l'a douée ; corriger ou déguiser adroitement les imperfections qui peuvent la déparer ; donner les plus grands soins à toutes les parties d'elle-même ; s'habiller avec goût, se tenir, marcher et parler avec grâce.

Toujours la Française a donné le ton aux femmes des autres nations, et la Française par excellence, la Parisienne, est la synthèse vivante et indiscutée du bon goût et du tact.

Certes, nous n'avons pas la prétention d'affirmer que les Parisiennes sont les plus belles femmes du monde, mais ce que nous pouvons assurer, c'est qu'il n'en existe pas de plus aimables ni de plus séduisantes.

On ne peut, sans faire preuve d'une prévention injuste, leur disputer la tournure, l'aisance et la grâce dans la taille, la gentillesse dans les manières et le goût dans la mise.

A ce sujet, voici un conte ravissant de Léon Gozlan :

DIVERS TYPES DE FEMMES

« Un jour la fée Bleue descendit sur la terre dans l'intention courtoise de distribuer à toutes ses filles, les habitantes des divers pays, les trésors de faveurs qu'elle portait en elle.

« Son nain, Amarante, sonna du cor et aussitôt une jeune femme de chaque nation se présenta au pied du trône de la fée Bleue. Toutes ces unités finirent, on l'imagine, par former une foule assez considérable.

« La bonne fée Bleue dit à toutes ses amies : « Je désire qu'aucune de vous n'ait à se plaindre du don que je vais lui faire. Il n'est pas en mon pouvoir de vous donner à chacune la même chose. Une telle unité dans mes largesses n'en ôterait-elle pas tout le mérite ? »

« Comme le temps est précieux aux fées, elles parlent peu.

« La fée Bleue borna là son discours et commença la distribution de ses présents. Personne n'en parut fâché.

« Elle donna à la jeune femme qui représentait l'Espagne des cheveux si noirs et si longs qu'elle pouvait s'en faire une mantille ;

« A l'Italienne, elle donna des yeux vifs et ardents comme une éruption du Vésuve dans la nuit ;

« A la Turque, un embonpoint rond comme la lune et doux comme la plume de l'eider ;

« A l'Anglaise, une aurore boréale pour se

teindre les joues, les lèvres et les épaules ;

« A l'Allemande, des dents comme en avait elle-même, et un cœur sensible, profondément disposé à aimer ;

« A la Russe, la distinction d'une reine ;

« Puis passant aux détails, elle mit la gaieté sur les lèvres d'une Napolitaine, l'esprit dans la tête d'une Irlandaise, le bon sens dans le cœur d'une Flamande et quand il ne lui resta plus rien à donner, elle se leva pour reprendre son vol.

« — Et moi, lui dit la Parisienne en la retenant par les bords flottants de sa tunique bleue.

« — Je vous avais oubliée ?

« — Entièrement oubliée, madame.

« — Vous étiez trop près de moi et je ne vous ai pas vue. Mais que puis-je faire maintenant ? le sac aux largesses est épuisé. »

« La fée réfléchit un instant, puis rappelant d'un geste toutes ses charmantes obligées elle leur dit : « Vous êtes bonnes puisque vous êtes belles ; il vous appartient de réparer un tort très grave de ma part. Dans ma distribution, j'ai oublié votre sœur de Paris. Que chacune de vous, je l'en prie, détache une partie du présent que je lui ai fait et en gratifie notre Parisienne. Vous perdrez peu et vous réparerez beaucoup. »

« Comment refuser à une fée et surtout à la fée bleue ?

« Avec la grâce qu'ont toujours les gens heureux, ces dames s'approchèrent tour à tour de la Parisienne et lui jetèrent en passant, l'une un peu de ses beaux cheveux noirs, l'autre un peu du rose de son teint, celle-ci quelques rayons de sa gaieté, celle-là ce qu'elle put de sa sensibilité, et il se fit ainsi que la Parisienne, d'abord fort pauvre, fort obscure, très effacée, se trouva en un instant, par cet acte de partage, beaucoup plus riche et beaucoup mieux dotée qu'aucune de ses compagnes. »

Il était impossible de montrer d'une façon plus charmante et plus ingénieuse la facilité avec laquelle la Parisienne sait s'assimiler immédiatement et tirer profit de ce que son goût et son tact lui indique comme étant de nature à la parer elle-même.

Car ce n'est pas le seul fait d'être née à Paris ou même d'habiter Paris qui constitue cet être adorable que l'on nomme la Parisienne.

Cela a l'air d'un paradoxe. Mais il est pourtant dans nos provinces des femmes qui sont des Parisiennes : Parisiennes de par le chic suprême et l'élégance du bon ton.

Nombre de femmes venues de tous les coins du monde se parisianisent en un clin d'œil tandis que d'autres conservent à jamais leur allure particulière, leur parfum de terroir que rien ne saurait leur enlever. Celles-là auront beau habiter Paris toute leur vie, elles resteront des étrangères ou des provinciales, elles ne seront jamais des Parisiennes.

La Parisienne, si elle n'est pas toujours belle, est toujours jolie.

Cela tient à l'air du visage, à la façon d'ajuster les riens coquets qui complètent l'habillement féminin.

Le visage le moins régulier prend chez elle une expression qui tire l'œil, qui impose l'attention.

On n'a pas le temps de s'assurer si le nez a le profil classique, si l'ovale de la figure est absolument parfait ; on est charmé du premier coup, on est pris, séduit par le minois affriolant, sans se rendre compte même de ce qui détermine cette attirance.

L'innombrable armée des Parisiennes peut se diviser en deux catégories : celles qui vont en voiture, celles qui vont à pied.

Les premières sont en infime minorité, ne nous en occupons pas ; et du reste les secondes sont de beaucoup plus intéressantes.

Les premières ont le loisir et la richesse, et dans ces conditions rien de plus facile que l'élégance.

Quand aux autres, celles qui parcourent d'un pas si alerte nos rues et nos boulevards, dès le matin, nous les voyons trottinant, pimpantes et parées, si simple que soit leur toilette.

Brunes ou blondes, elles ont un air de famille ; la démarche simple et ravie, un déhanchement presque insensible, en un mot, une démarche onduleuse, spéciale, gracieuse, qu'on ne retrouve que chez elles.

Si la parisienne marche bien, c'est qu'elle a de jolis pieds, non des moignons ridicules comme ceux des chinoises, mais des amours de pieds, étroits et bien cambrés.

La Parisienne se chausse à ravir et c'est un plaisir pour les yeux que ces petits souliers, ces mignonnes bottines, faisant gaiement sonner l'asphalte sous leurs coups de talon vifs et décidés.

Un détail qui a bien son importance, car il est en quelque sorte la caractéristique de la véritable Parisienne.

Elle pourra circuler pendant une journée entière dans le Paris fangeux des jours de pluie. Jamais une éclaboussure ne viendra maculer la chaussure de la Parisienne ; c'est là un phénomène que nous ne nous chargeons pas d'expliquer, c'est pour ainsi dire une grâce d'état.

Il faut les voir, sautillantes comme des moineaux francs, braver l'encombrement des voitures et traverser indemnes le lac de fange liquide qui s'écoule lentement sous les balais municipaux. Elles arrivent au port immaculées, mais toutefois non sans faire voir, pour notre plus grande joie, un bas bien tiré sur une jambe fine ou rebondie, mais toujours provocante.

Blondes ou brunes, minces ou potelées, elles ont toutes à un degré superlatif l'instinct féminin par excellence, l'instinct de la toilette.

Les caprices de la mode souvent grotesques, qui rendraient toute autre hideuse, développent au contraire chez la Parisienne un charme spécial, quintessence même de l'originalité.

Au moral, la Parisienne possède un fond de raillerie caustique qui est la dominante de son caractère.

Sous ses yeux vifs, sous les boucles folles des fins cheveux envolés, le sourire se tient à demeure sur les lèvres, et celles-ci sont toujours prêtes à la riposte qui, souvent d'un trait mordant, enlève le morceau.

Est-ce là du scepticisme ? Non pas, car la Parisienne, sous un air gouailleur de gavroche, cache un cœur qui sait s'ouvrir aux sentiments les plus tendres.

Le mendiant qui chante dans la cour de la maison populeuse voit les sous tomber de ces fenêtres où se penche la Parisienne entre la

cage du serin favori et le pot de réséda achet
au dernier marché.

Si quelque camarade d'atelier, si quelqu
voisine abandonnée viennent à tomber malade
les amies, même les indifférentes vont se re
layer au chevet de l'infortunée, et si pauvre
qu'elles soient, trouveront le moyen de ne lai
ser manquer de rien à celle qu'elles ont pris
sous leur protection.

La Parisienne adore le théâtre, les pièce
qui font pleurer, elle lit avec passion les roman
qui parlent d'amour.

Car elle aime, la Parisienne, elle aime av
son cœur qui semble au premier abord r
s'attacher qu'aux frivolités.

Elle fait même presque toujours une exce
lente mère de famille.

Sa coquetterie alors se reporte sur ses e
fants; elle les veut pomponnés comme d
fils de princes, elle applique pour eux s
aptitudes d'élégance, la faculté d'utiliser d
riens qui est son apanage.

Quoiqu'en disent les mauvaises langues,
Parisienne est fidèle, mais à une conditi
toutefois, c'est que l'homme en vaille la pein

Son esprit alerte a vite jugé le mari ou l'ama
et on ne la domine réellement que par la sup
riorité de l'intelligence.

Un trait bien curieux à l'appui de ce q

nous venons de dire : c'est que lorsque la loi sur le divorce fut agitée une première fois, on remarqua avec un certain étonnement que la commune de Paris était celle qui offrait, proportionnellement à son immense population, le moins grand nombre de demanderesses.

En résumé, la Parisienne est un composé de grâce et de sensibilité, une intarissable source de séduction, la justification éclatante de la supériorité de la France, la femme qu'on rêve à seize ans et la seule dont on se souvienne à soixante.

VIII

INFLUENCE DE LA FEMME

Nos charmeuses compatriotes ne détiennent pas seules pourtant le monopole de la séduction : elles ne sont qu'une des plus ravissantes fleurs du bouquet féminin, ce bouquet aux couleurs séduisantes, aux parfums troublants qui tient l'humanité tout entière sous son charme mystérieux.

Partout, en tous pays, à tous les degrés de l'échelle sociale, la femme fait sentir son influence déclarée ou occulte, et l'une d'entre elles, Mme de Coincy, a pu dire de ses congénères :

« Elles ne sont point sur le trône, mais elles gouvernent les hommes qui y sont assis.

« Elles sont exclues du gouvernement, mais on les voit diriger des ministres, se faire obéir des sénateurs et élire des généraux.

« Si elles ne peuvent briguer les charges

de la magistrature, elles pénètrent néanmoins dans le temple de Thémis et y font sentir leur souveraine puissance.

« Elles ne sont chargées d'aucune affaire, mais on les trouve mêlées dans toutes.

« Elles n'ont aucun rang, mais elles règlent tous les rangs.

« Elles n'ont aucun emploi, mais elles les distribuent.

« Elles n'ont aucune fonction, mais elles font tout mouvoir à leur gré.

« Oui, la Femme règne, et l'homme n'est que son très humble sujet. Elle règne en souveraine absolue sur les fils, les amants, les époux, et c'est en vain que ceux-ci se disent les maîtres, ils ne sont réellement des hommes que lorsque la Femme a complété leur existence ; c'est en vain qu'ils crient bien haut leur supériorité, toute gloire et toute honte viennent de la Femme. Dans la fable, comme dans l'histoire, l'influence de la Femme est prépondérante, on la retrouve partout.

« C'est le palais de Circé où les guerriers se changent en pourceaux ; c'est le palais de Médicis, où les hommes deviennent des bêtes féroces.

« C'est Hercule filant aux pieds d'Omphale, c'est Samson près de Dalila, Holopherne près de Judith.

« La Femme, c'est Jeanne d'Arc, et la France délivrée, mais c'est aussi Mme de Maintenon et la révocation de l'édit de Nantes.

« Qui nierait l'influence de Béatrice sur le Dante, de la Fornarina sur le génie de Raphaël ?

« Cherchez la Femme ! » toujours le mot fut et restera éternellement vrai.

« Elle est partout, on retrouve sa main dans tous les actes importants aussi bien de la vie des peuples que de l'existence des individus. Ce qui arrive de bon ou de mauvais a toujours pour principale déterminante la Femme, et on serait tenté d'admettre comme une exacte définition de son caractère complexe cette boutade d'Arsène Houssaye :

« *La femme est le huitième péché capital, mais c'est aussi la quatrième vertu théologale.* »

C'est à elle, à elle seule que la civilisation doit ses plus rapides progrès. Un sentiment de tendresse pour le beau sexe humanise la férocité masculine : les hommes feignent d'abord la vertu pour lui plaire, puis cette vertu factice devient une habitude et on la pratique enfin presque inconsciemment.

LA PARISIENNE

IX

LA FEMME DE L'AVENIR

Un jour viendra sans doute où la Femme recevra une éducation franche et libérale, où on n'étiolera plus sa nature pour triompher plus facilement de sa faiblesse, où on cessera de laisser oisive son intelligence, où on ne l'énervera plus pour en faire un instrument vulgaire de plaisir ; ce jour-là on saura pourquoi, pendant si longtemps, le monde a été malheureux.

Nous avons coupé les ailes de la colombe, nous la foulons aux pieds en la contraignant à ramper pour nous venger de sa supériorité indéniable.

Nous avons pour ainsi dire mis la Femme au banc de la société, nous privant de gaieté de cœur d'un allié tout puissant, sans songer que l'amour est la seule loi, la première et la plus forte puissance de l'humanité.

Mais l'amour n'est-ce pas la Femme qui

l'inspire, qui l'incarne ?... Rendons-lui donc la
libre disposition de son cœur et de ses sentiments ; cessons de lui fermer la bouche ; cessons de lui enseigner dès sa naissance à feindre
et à dissimuler son âme.

Mais du reste le rôle de la Femme dans
l'humanité doit s'accomplir d'une façon inéluc-
table, malgré toutes les barrières que l'orgueil
inconsidéré du sexe fort puisse y apporter,
malgré des lois barbares, des conventions tyranniques et des préjugés jaloux.

Maintenant que nous voyons s'étendre la
nouvelle civilisation dont la Femme est en quelque sorte la fondatrice avec les hommes de
génie qu'elle a inspirés, maintenant même que
notre esprit plus positif et nos mœurs démo-
cratiques la laissent moins régner de par la
galanterie, maintenant que l'amour affaibli se
ressent du déclin de la foi, ne la voyons-nous
pas s'avancer d'un pas rapide dans toutes les
carrières ouvertes aux talents ?

Compagne de l'homme et son égale, vivant par lui et pour lui, associée à son bonheur, à ses plaisirs, à la puissance qu'il exerce
sur terre, tel doit être le sort de la Femme,
tel est son rôle naturel dans l'harmonie universelle des êtres !

X

L'ENFANT

Sans soin du lendemain, sans regret de la veille,
L'enfant joue et s'endort, pour jouer se réveille,
Trop faible encor son cœur ne saurait contenir
Le passé, le présent et l'immense avenir.
A peine au présent, seul son âme peut suffire ;
Le présent seul est tout : un coin est son empire,
Un hochet son trésor, un point l'immensité,
Le soir son avenir, un jour l'éternité.
Mais l'homme tout entier est caché dans l'enfance,
Ainsi le faible gland renferme un chêne immense.

(DELILLE).

Ce que dit Delille de l'enfant en général peut surtout s'appliquer à la Femme.

L'enfance proprement dite dure chez celle-ci bien moins longtemps que chez l'homme. Bien avant le petit garçon, la petite fille montre d'une façon évidente et claire ce qu'elle sera plus tard.

Le travail d'assimilation s'opère chez elle

presque au sortir des premiers langes et son esprit naturel d'observation, son intelligence plus active lui donnent dès la première jeunesse une supériorité incontestable sur l'enfant de l'autre sexe.

A moins d'être classé dans la catégorie des enfants phénomènes, — tel fut Mozart par exemple, — le petit garçon jusqu'à l'âge de dix ans ou douze ans, reste franchement l'*enfant* soucieux seulement de ses jeux.

En est-il de même de la petite fille ?

Que non pas !

Déjà à cet âge, elle a en pleine possession et elle applique les instincts natifs de son sexe.

Et c'est précisément là son grand charme.

C'est là ce qui explique ces différences sensibles dans presque toutes les familles entre l'affection des parents pour leurs enfants des deux sexes.

Le père couvre d'un regard d'orgueil le petit être chez qui il retrouve souvent le visage, les allures, la façon d'être de la femme qu'il a aimée, qu'il aime toujours.

Il étudie avec un soin jaloux sur ce jeune visage les progrès d'une beauté qui le séduisit autrefois ; il attend fiévreux le moment où il pourra montrer à tous l'être charmant qui est son œuvre.

L'amour de la mère est peut-être moins exclusif, ou du moins ses démonstrations extérieures sont plus impartiales; mais cependant, tout au fond de son cœur, elle garde une secrète et plus vive sympathie pour sa fille.

Et cela n'est-il pas naturel en somme ?

Alors que les garçons vont tout de suite s'éloigner, arrachés du foyer maternel par les études ou les nécessités de la vie, elle a au moins quelque chance de conserver plus long-temps auprès d'elle sa fille dans laquelle elle se voit revivre, à qui elle va s'efforcer de donner le reste d'elle-même, après sa propre chair son propre esprit.

Et puis n'est-ce pas aussi une attirance que cette grâce presque inconsciente de la fillette, comparée à la rudesse et à la grossièreté native du garçon ?

Est-ce que sa voix n'est pas plus douce, ses gestes plus mignons, ses caresses plus enve-loppantes, presque savantes déjà, comme si elle en devinait le charme tout spécial ?

Déjà chez la fillette, la fémininité s'accuse. — Qui donc lui apprend ces intonations de voix si douces ?... ces adorables « petit père », « p'tite mère » ne semblent-ils pas instinctifs ?

Et cette préférence pour la petite fille vient encore s'augmenter, à l'insu des parents, d'une question d'esthétique, de cet amour inné du beau qui est à l'état latent dans toute âme humaine et qui ne demande pour se manifester que la moindre circonstance.

Ne sont-elles pas ravissantes ces délicieuses figures d'enfants, dans le cadre doré de leurs cheveux si fins et si soyeux ? Que ne disent-ils pas ces grands yeux si claires et si profonds qu'ombragent si délicatement les longs cils, leur donnant une expression si mystérieuse et si douce.

Est-ce qu'ils n'appellent pas le baiser, ces fronts si purs, ces joues roses et satinées, ces lèvres si fraîches ?

Et comme elle a déjà bien conscience de sa force, la petite fille ; comme elle sait bien toute son l'influence de ses adorables câlineries, la puissance magique de ses sourires ! aussi comme elle en abuse, et comme elle a raison d'en abuser, de s'exercer déjà à cette souveraineté qui l'attend dans la vie, puisque ses très humbles sujets sont si heureux de tendre le cou au joug de son despotisme si charmant !

Le besoin de plaire que la nature a mis dans l'âme de la Femme, est pour ainsi dire le premier de ses sentiments qui se révèle.

C'est une sorte d'instinct qui dit au petit être si délicat, si frêle, qu'il a besoin de se créer des protecteurs et que, pour cela, il doit mettre en œuvre tous les moyens de séduction qui sont en lui.

Oui, elle est femme déjà, cette enfant aux formes graciles et fluettes, femme par l'instinct du moins.

Son rôle dans l'existence semble dès l'aurore lui apparaître nettement tracé, et tout, jusque dans ses yeux, indique déjà d'une façon bien tranchée toute l'énorme différence qui sépare les fonctions vitales des deux sexes.

Alors que les garçons se portent de préférence sur les jeux bruyants, qui exigent une certaine dépense de mouvement et de force physique, prélude des luttes futures de la vie, la petite fille dans un coin aura, pendant de longues heures, de mystérieuses conversations avec sa poupée, cette chose inerte de carton ou de bois, un être pour elle sur lequel elle reporte cette affection innée dont les germes sont déjà en elle, et qui cherchent à s'épancher.

La poupée, a dit Rigault, est l'enfant de l'enfant.

Dans l'imagination de la petite fille, la poupée devient un être organisé, ayant son caractère, ses sensations propres, ses défauts et ses habitudes, reflet presque toujours exact des propres sentiments de l'enfant, augmenté de ses observations toujours justes sur ceux qui l'entourent.

Pas d'observateur plus subtil qu'une petite fille. Sans avoir la moindre notion de la vie, il semble qu'elle en ait cependant la prescience absolue.

Elle remarque les moindres circonstances qui paraissent anormales à son exprit exact ; rarement elle se laissera tromper aux dehors, et sous le langage le plus mielleux, sous les caresses en apparence les plus franches, elle devinera la fausseté. De là ces antipathies insurmontables des enfants, des filles surtout, pour des gens qui souvent sont eux-mêmes surpris et fort confus de se sentir devinés.

Il y a dans ces petites âmes une impression-nabilité de sensitive que l'éducation n'a pas encore dévoyée et comme il a raison, le grand Balzac quand il écrit :

« Nous livrons nos jeunes filles à des bonnes, à des demoiselles de compagnies, à des gouvernantes qui ont vingt mensonges de coquetterie et de fausse pudeur à leur apprendre contre une idée noble et vraie à leur inculquer.

« Elles sont élevées en esclaves et s'habituent à l'idée qu'elles sont au monde pour imiter leurs grand'mères, faire couver des serins de Canaries, composer des herbiers, arroser des rosiers, faire de la tapisserie ou se monter des cols.

« Aussi à dix ans, si une petite fille a eu plus de finesse qu'un garçon, à vingt elle est timide, gauche, elle aura peur d'une araignée, dira des riens, pensera aux chiffons et parlera modes. »

Alors que parmi ces mots d'enfants que la tendresse, toujours un peu aveugle des parents, se plaît à répéter, se rencontre chez les garçons toujours un peu de cette brutalité qui est le fond de leur caractère générique, il y a dans les saillies des petites filles plus de subtilité, plus de finesse, plus d'observation.

On demandait à une petite fille de six ans :

— Qui aimes-tu mieux de ton chat ou de ta poupée ?

La petite fille se fit longtemps prier pour répondre; puis elle dit tout bas à l'oreille du questionneur :

— Vois-tu, j'aime mieux mon chat, mais n'en dis rien à ma poupée.

N'est-elle pas là toute entière, cette délicatesse exquise qui est l'apanage du sexe faible ?

— Un garçon aurait répondu carrément : J'aime mieux mon chat sans se préoccuper de ce qu'aurait pensé de cette préférence l'infortuné jouet sacrifié.

Et n'est-il pas exquis de charité naïve cet autre mot de petite fille :

On lui avait donné un moineau qu'elle avait gentiment logé dans une cage superbe.

Emmenée en promenade par sa mère, l'enfant remet gravement la cage à la bonne en disant :

— Quand mon oiseau s'*ennuiera*, tu le monteras chez bonne maman.

Et quelle observation profonde déjà dans ceci :

Dans un groupe de petites filles, on vient de décider qu'on va jouer aux grandes personnes qui vont faire des emplettes aux magasins du *Louvre*.

— Voyons, mesdemoiselles, dit la doyenne (six ans et demi), qui est-ce qui veut faire les grandes dames ?

Deux ou trois voix répondirent sans beaucoup d'entrain :

— Moi, moi !...

— Et les bourgeoises de la rue Saint-Denis ?

Silence glacial.

— Et les femmes mariées ?

Toutes en même temps :

— Moi !

Savaient-elles ces petites filles ce que c'est que le mariage ? non, sans doute, mais à leurs yeux la femme mariée, jouissant d'une liberté plus grande, entourée de plus de respect, d'attentions, leur avait paru réaliser le plus beau rôle de la femme.

Mais voici qu'arrive l'heure des études.

La petite fille apprend à lire ; elle va trouver dans les livres pourtant bien innocents qu'on lui met entre les mains un nouvel aliment pour son imagination, et c'est alors pour les éducateurs et pour les parents surtout que leur rôle devient difficile.

Ils devront répondre souvent à des questions délicates et il faudra qu'ils y trouvent des réponses au moins plausibles s'ils veulent garder dans l'esprit de l'enfant leur prépondérance.

La logique de la petite fille est encore plus implacable que celle du petit garçon.

A ses pourquoi multipliés, elle exige des réponses probantes et il ne faut pas même chercher à les éluder. Il paraîtrait certainement paradoxal de déclarer que la Femme-Enfant n'a pas besoin d'éducation, et cependant ce pourrait être vrai pour beaucoup.

Leur instinct, qui leur montre clairement l'état de dépendance dans lequel elles sont appelées à vivre, fait que leur unique soin, leur étude de tous les instants est de chercher à plaire aux hommes, à leur être agréable le plus qu'il leur est possible, afin de vivre en bonne harmonie avec eux.

Et en cela, il faut bien le reconnaître, elles montrent un tact, une finesse d'esprit dont l'homme le plus subtil ne saurait approcher.

L'éducation de l'homme a besoin de maîtres, de préceptes, de doctrines, de principes. Il suffit à la Femme d'ouvrir les yeux pour savoir comment elle doit se gouverner, et chose étonnante, jamais elle ne se trompe.

Cet art qu'elle possède, elle ne l'acquiert pas comme nous à force d'études, il lui vient tout naturellement, elle l'apporte pour ainsi dire en naissant.

La petite fille, comme la Femme du monde, saura se plier aux habitudes de la société, se conformer aux usages de son temps, grâce à son admirable facilité d'assimilation et à sa délicatesse naturelle.

Ce n'est pas généralement aux petites filles que l'on recommande de ne pas se fourrer leurs doigts dans leur nez et ne pas mettre leurs coudes sur la table. Leur instinct de coquetterie inné les avertit que ces gestes sont disgracieux.

Et n'est-ce pas une consécration formelle de ce que nous avançons que le spectacle offert, surtout dans le monde de la galanterie, par ces filles sorties souvent de la plus basse classe sociale et qui arrivent, dans un temps relativement court, à se faire citer non seulement pour leur élégance, mais encore par leur bon ton et la correction absolue de leur existence extérieure ?

Nous n'allons pas jusqu'à prétendre qu'il
ne faut pas guider la jeune âme qui s'éveille,
qu'il faut la laisser suivre sans cesse ses propres
aspirations. Loin de là.

Mais cependant la tâche est bien difficile,
car, outre ses grandes lignes, le caractère de
l'Enfant-Femme présente de multiples compli-
cations qui varient pour ainsi dire avec chacun
des individus.

Dans nos pays, l'enfance proprement dite
de la femme cesse sans transition. C'est à
l'époque de la première communion.

Alors qu'après cet acte le petit garçon reste
encore un enfant, traverse cette période que
les mères elles-mêmes appellent l'*âge bête*,
qu'il devient gauche, maladroit, un peu ahuri,
comme s'il cherchait à savoir, la petite fille,
elle, du jour au lendemain, semble se trans-
former ; elle n'est plus une enfant, c'est une
fillette, presque une petite femme, et cette
époque marque pour elle l'entrée sérieuse dans
la vie.

Bien plus que les garçons, elles attachent
de l'importance à ce premier acte qui leur crée
pour ainsi dire une personnalité nouvelle. Elles
ont conscience qu'une séparation brusque
vient de s'élever entre le passé et l'avenir.
Aussi, indépendamment du sentiment religieux
qui existe plus profondément chez elles et dont

lles sentent mieux l'influence, il entre dans
eur allure ce jour-là une grande gravité, une
motion en quelque sorte plus raisonnée.

La première communion est, pour la femme
urtout, la première grande étape de la vie et
a mémoire de ce grand jour reste bien plus
ivante dans son souvenir.

Ah! qui pourrait dire le monde de réflexions
ui traversent toutes ces gracieuses, petites
êtes, aux yeux modestement baissés!... qui
ourrait jurer que toutes les pensées qui s'agi-
ent sous les blancs voiles vont toutes à Dieu,
ue c'est seulement l'amour divin qui fait battre
ous ces petits cœurs!...

N'entre-t-il pas un peu de crainte, d'ap-
réhension inquiète dans l'expression d'extase
es grands yeux mi-clos, qui semblent regarder
n dedans et sonder les profondeurs de l'in-
onnu de demain?...

Hier, c'était l'école, la poupée, la jupe
ourte; demain, c'est, pour les unes, l'atelier
'apprentissage, pour les autres l'aide à donner
a la mère, la première initiation sérieuse aux
oins du ménage.

Hier, on était l'enfant, aujourd'hui on est la
illette.

XI

LA FILLETTE

L'un des principaux caractères de la première transformation de l'Enfant-Femme, c'est l'apparition plus marquée de la coquetterie.

Certainement la petite fille n'était pas insensible à l'attrait d'une belle robe, d'un joli ruban, d'un bijou gracieux. Elle était heureuse de se sentir plus belle ; mais ce sentiment était plutôt chez elle une sorte d'égoïsme, elle était surtout heureuse pour elle, pour sa satisfaction particulière.

Or, la voici maintenant en contact plus direct avec la vie ; son champ d'observation s'augmente de jour en jour. Elle étudie, elle examine ce qui se passe autour d'elle, elle s'assimile les agissements de ses compagnes nouvelles.

Elle commence à attacher du prix à la parure ; elle sait que tel geste, telle attitude ne sont point indifférents pour plaire, bien qu'elle ne se doute pas encore du motif pour lequel elle veut plaire.

Son esprit acquiert un plus grand degré de finesse ; elle se fait en même temps plus réservée, elle se livre moins.

Le tempérament de la fillette se modifie également avec l'âge, mais d'une façon presque insensible et sans qu'il en résulte aucune variation appréciable.

Il est bien évident que l'œil ne peut pas suivre toutes les nuances par lesquelles passe un arbre depuis le moment où la chaleur du printemps vient le rendre à la végétation jusqu'à celui où l'hiver le replonge dans l'inertie et l'anéantissement ; cependant il est aisé d'apercevoir les circonstances les plus frappantes de son développement ; on saisit avec plus d'activité l'instant où les bourgeons commencent à entr'ouvrir l'écorce et à mêler leur tendre verdure au fond grisâtre des branches.

Pour qui voit tous les jours une fillette, sa transformation lente mais continue n'est pas appréciable pour ainsi dire, mais pour qui ne la voit que de loin en loin, les changements qui s'opèrent en elle, tant au moral qu'au physique, se constatent facilement.

C'est aussi à cet âge que se dessine plus vigoureusement le caractère qui restera celui de

la femme future, car les impressions ressenties
sont plus vives que dans l'enfance proprement
dite et les observations plus raisonnées. L'influence de l'éducation se fait plus vivement sentir.

« Depuis Fénelon et Rousseau, constate
Aimé Martin, il y a un progrès dans l'éducation
des femmes, on ne discute plus sur la question
de savoir s'il faut les instruire et sur les degrés
de cette instruction. On consent à développer
leur intelligence, on leur donne des talents d'artistes et des maîtres de langues ; elles effleurent
les études encyclopédiques. Mais dans ces
études rien ne les appelle à penser de leurs
propres pensées ; ce sont simplement les ca-
hiers de l'école qui s'impriment dans leur cerveau. Aussi lorsque les passions arrivent, elles
trouvent des mains habiles sur le piano, une
mémoire qui récite, mais souvent une âme qui
dort.

« Voilà, sauf quelques exceptions rares, ce
qui fait les fonds de l'éducation de la jeune
fille : une morale de pensionnat, des talents
mécaniques, l'ignorance de toutes les choses
de la vie et le besoin d'aimer et d'être aimée.

« Ce n'est pas que cette éducation n'ait
aussi son côté brillant ; elle introduit dans la
société le goût et les manières artistes, plus
de grâce, plus d'originalité. L'éducation de la

Femme nivelle peu à peu la société et l'on peut dire que les talents féminins ont plus fait pour l'égalité des rangs que tous les décrets des assemblées. »

Ce qui séduit surtout chez la fillette, c'est la douceur de sa voix, l'élégance toute gracile de ses formes et surtout l'innocence de ses manières.

Le charme qui l'environne à cette heureuse époque lui soumet tous les cœurs et lui donnerait une puissance invincible, si elle avait conscience de ses forces et le talent de les mettre en usage. Mais pourtant déjà elles aiment la parure et non contentes d'être jolies, elles veulent qu'on les trouve belles ; on voit dans leurs petits airs que ces soins les occupent déjà, et à peine sont-elles en état d'entendre ce qu'on leur dit qu'on les gouverne en leur parlant de ce qu'on pensera d'elles.

Est-ce bien leur faute, somme toute ? Non, s'il faut en croire Mercier.

Dès la plus tendre enfance, assure-t-il en substance, on imprègne pour ainsi dire leur âme de vanité et de légèreté. Tout y concourt, le papa, la maman, la bonne et les amis de la maison. Le maître de danse, dans l'éducation d'une jeune demoiselle, a le pas sur le professeur. La marchande de modes et la couturière sont des êtres dont elle évalue l'importance, avant d'entendre parler de l'existence du laboureur qui la nourrit et du tisserand qui l'habille; avant d'apprendre qu'il y a des objets qu'elle devra respecter, elle sait qu'il ne s'agit que d'être jolie et que tout le monde l'encensera. On lui parle de beauté avant de l'entretenir de la sagesse.

L'art de plaire et la première leçon de coquetterie sont inspirés avant l'idée de pudeur et de décence, dont un jour elle aura bien de la peine à appliquer le vernis factice sur cette première couche d'illusions.

Quand la petite demoiselle a amusé pendant ses premières années le papa et la maman par ses mignardises et ses réparties d'enfant, on la met en classe ou au couvent.

Et alors aux premières impressions des leçons de coquetterie et de vanité, succèdent celles que peuvent faire naître le pédantisme des maîtresses et la morale rendue ridicule à force d'être mince et superstitieuse.

C'est à travers ces sentiers que marche généralement la Femme destinée à être épouse et mère, jusqu'à l'âge de la nubilité, jusqu'au moment où elle va devenir la jeune fille.

XII

LA JEUNE FILLE

Mystérieusement la nature a accompli son œuvre et voilà que pour ainsi dire brusquement, comme le papillon succède à la chrysalide, un nouvel être apparaît.

La fillette s'est transformée tout d'un coup.

Les formes s'accusent plus gracieuses, le visage change d'expression, les membres grêles s'harmonisent dans un ensemble merveilleux d'élégance, la Femme apparaît dans sa séduction souveraine. Elle va prendre sa place parmi les fleurs brillantes de l'humanité, parmi ces créatures angéliques et fragiles recherchées avec tant d'ardeur.

Quel charme troublant ne se dégage-t-il pas de la jeune fille, de ce frais bouton de rose à peine éclos ?

A quinze ans, la Femme, à défaut de la beauté classique, est au moins jolie.

Sa beauté alors est d'être jeune. Toute notre prévention, toutes nos idées conventionnelles sur le beau, ne sauraient empêcher la femme qui n'en a point d'autre de briller alors un moment ; et si son règne est court, c'est parce que des objets de comparaison, qui tiennent tout leur prix du préjugé établi, viennent l'éclipser lorsqu'elle n'a plus l'avantage naturel et passager qui la soutenait contre eux.

Et par une corrélation occulte, il semble qu'en même temps que la jeune fille atteint son état parfait, son cœur aussi, son âme acquièrent une sensibilité plus grande.

Les qualités et les défauts qui étaient encore à l'état embryonnaire chez la fillette se montrent dans toute leur force ; en un mot l'être est à présent absolument complet et restera ainsi jusqu'à ce qu'il subisse l'influence d'un état nouveau.

La jeune fille a pleinement conscience de son rôle.

Elle sait qu'elle est appelée à régner et, bien que certains détails, certaines des circonstances qui doivent lui assurer la souveraineté lui échappent encore, elle est à présent quelqu'un avec qui il faut compter.

Elle se rend compte fort exactement que sa virginité est une force et cette conviction vient décupler chez la jeune fille le sentiment d'instinctive pudeur qui est au fond de toute âme de femme et dès la première enfance.

La pudeur, mais c'est là l'un des plus grands attraits de la jeune fille, et c'est aussi la plus indispensable de ses vertus ; elle reflète tellement sur les traits l'air, l'esprit, le caractère, que tout choque où elle manque, et comme le dit S. Dubay :

Le voile de la pudeur recèle plus de charmes que ne peut en offrir la plus belle nudité.

Écoutons le portrait que trace Delille de cette vertu charmante.

. . . .
L'imagination de ses regards discrets
A peine ose entrevoir les mystères secrets ;
Mais de son trouble heureux, de sa rougeur aimable,
Elle adore tout bas le charme inexprimable.
Le vice audacieux s'arrête à son aspect.
Et le brûlant désir est glacé de respect.
Craignant ses propres yeux, elle-même s'ignore ;
Même quand elle est nue, elle est modeste encore.
La décence la voile aux regards curieux,
Et la Vénus pudique est vêtue à nos yeux.
Mais comme nous voyons délicate et craintive
Se flétrir sous nos mains la tendre sensitive,
Un mot, un geste, un rien alarme ses appas,
Le cœur vole au-devant de son doux embarras :
Son silence nous plaît, sa froideur même enflamme ;
Et la pudeur enfin est la grâce de l'âme.

Jamais une jeune fille ne devrait être touchée par personne; elle devrait toujours nous apparaître comme dans un nimbe; ses formes encore grêles et élancées, l'incertitude de son regard, tout semble indiquer que sa beauté est surtout faite d'innocence, de chasteté, d'ignorance. Sa beauté doit parler à l'âme, à l'imagination et non aux sens.

Heureuse la jeune fille qui a vécu loin du monde! Son sommeil est doux et facile; sa prière au réveil est pure comme la goutte d'eau qui s'évapore dans le calice d'une rose.

On lit dans son cœur comme au travers d'un cristal diaphane; une grâce ingénue est dans ses mouvements et la pudeur sur ses joues.

Elle compatit à toutes les souffrances, elle console en pleurant, et elle a toujours des paroles douces à dire.

Ses goûts sont simples, sa modestie est sa plus belle robe; l'humilité toute sa science.

Dans son cœur règne encore le calme le plus profond, mais la nature est là qui guette la jeune fille est mûre pour l'amour; l'amour va venir.

FIANCÉS — LE BAL

XIII

LA VIEILLE FILLE

Le nom de jeune fille est en quelque sorte le mot le plus gracieux de la langue humaine, et nous ne le prononçons qu'avec amour.

Celui d'épouse exprime la plus haute dignité sociale de la femme, et nous lui attachons une idée de respect.

Celui de mère fait naître en nous un sentiment plus délicieux que l'amour lui-même.

Celui de veuve nous attendrit et excite notre pitié.

Celui de grand'mère nous frappe par une sorte de douce majesté, en même temps qu'il nous inspire de la vénération.

Mais que dire de ce nom de vieille fille ?

Lisons le portrait que Jacomy Régnier trace de la vieille fille :

« Vieille fille, quelle sympathie peut lui être acquise ? quels souvenirs la protègent ?

quelles espérances demandent grâce pour elle ? »

Une vieille fille, l'égoïsme dans une femme !... une femme qui a calculé au lieu d'aimer !... une femme qui n'a pas craint d'être trompée par sa raison et a craint de l'être par son cœur !... une femme qui s'est dit ; « un mari pourrait me rendre malheureuse » et qui n'a pas entendu en dedans d'elle-même une voix lui répondre : « un fils te rendrait heureuse ! » une femme qui n'a pas voulu sacrifier sa liberté à l'espoir d'être mère ! — Oui, oui, vieilles filles, oui, vous êtes placées en dehors de l'intérêt qui s'attache à votre sexe et vous le méritez : vous le méritez, parce que vous l'avez comme abjuré ce sexe, parce que vous avez fait rejaillir sur lui un indigne soupçon, parce que vous l'avez moralement calomnié en faisant croire que le titre de mère n'était pas tellement doux pour la femme, qu'elle pût pour l'obtenir braver la pauvreté ou l'esclavage.

Le mot *vieille fille* est un terme générique qui renferme plusieurs variétés.

Aussi il y a la vieille fille repentante d'avoir été trop difficile dans ses prétentions ; la vieille fille repentante d'avoir été trop coquette et d'avoir par là effrayé tous les soupirants ; la vieille fille repentante de n'avoir eu aucune qualité capable de la faire aimer ; la vieille fille repentante d'avoir cru que les serments d'un séducteur valaient un contrat.

Nous disons *repentante* toujours, car il est certain qu'il n'est pas une vieille fille qui n'ait un repentir quelconque, attendu qu'il n'en est pas une qui ne soit malheureuse par sa faute.

XIV

FIANCÉE

La jeune fille, arrivée à son état parfait de développement physique, ne tarde pas à apercevoir qu'elle est l'objet de certaines attentions qu'on ne lui manifestait pas auparavant dans son entourage.

Les caresses de ses parents, bien qu'ayant conservé toute leur tendresse, revêtent pour ainsi dire une autre forme : elles se font plus sérieuses ; les baisers du père cherchent plutôt maintenant le front blanc que les joues roses, et la chère maman, toujours bonne, est pourtant moins câline. Une certaine gravité existe à présent dans les rapports familiaux.

Devant la jeune fille se traitent maintenant des questions d'intérieur qu'elle avait ignorées jusque-là. On la considère aujourd'hui comme un membre actif de la famille, elle est appelée à coopérer au bien commun.

Les amis de la maison changent aussi d'allures à son égard ; une nuance bien marquée de respect se fait jour sous leurs compliments ordinaires, et la jeune fille, tout en constatant ces changements bien caractérisés, en arrive à se convaincre qu'elle est désormais, non plus la fillette sans conséquence qui n'avait d'autre objectif que ses jeux innocents, mais une grande personne raisonnable à qui maintenant incombent certains devoirs, certaines obligations sociales.

Ce nouvel état n'est pas sans lui donner des jouissances intimes très profondes ; elle est heureuse de son rôle dont elle devine vaguement encore l'importance tout en la constatant, et elle est amenée peu à peu à chercher à augmenter l'influence qu'elle commence à exercer sur ceux qui l'approchent.

Malgré sa candeur, son innocence et son ingénuité, elle remarque fort bien que ce n'est pas seulement aux qualités morales qu'elle peut avoir que s'adressent les discrets hommages qui lui viennent, elle sent que sa beauté et ses grâces y reçoivent aussi leur tribut.

Elle se complaît de plus en plus devant son miroir qui lui confirme qu'elle est belle, et elle cherche à augmenter encore son charme naturel par une coquetterie innocente, instinctive, dont le seul but n'est encore que la satisfaction de son amour-propre. Cependant petit à petit un travail important s'accomplit dans son esprit ; elle est amenée, par la transformation progressive de son état physique, à des réflexions qui peu à peu la troublent.

Presque chaque jour lui apportent une révélation nouvelle ; il en est d'elle comme d'un frais bouton de rose qui, sous les bienfaisants baisers du soleil printanier, perce doucement sa prison pour s'épanouir éclatant et parfumé à côté de ses sœurs, les fleurs de la veille.

Des pourquoi sans nombre se dressent dans l'imagination de la jeune fille, et voilà qu'une pudeur, dont elle presse la cause sans pouvoir la définir, l'empêche de recourir comme autrefois aux explications bienveillantes des parents.

Elle sent qu'elle n'a à demander d'explication à personne et même qu'elle ne le doit pas, car une prescience la prévient que l'explication viendra à son heure, et elle attend avec toutefois un peu d'anxiété.

Elle devient songeuse, elle se sent dans l'âme comme une vague appréhension. Est-ce donc un danger qui la menace ? Mais non, c'est plutôt comme l'espoir de quelque chose de très doux qu'elle ne saurait définir ; il lui semble que devant elle bientôt va se déchirer le voile qui lui cache encore ce qu'elle ne fait qu'entrevoir, qu'il y a là derrière cette brume qui lui dérobe l'avenir, quelque chose d'éblouissant dont elle a déjà en elle-même comme un reflet qui l'éclaire.

Des sensations non encore ressenties la surprennent et l'étonnent.

N'a-t-elle pas déjà assisté maintes fois au réveil de la nature, alors que le premier soleil chasse les frimas d'hiver. Autrefois elle était heureuse du retour de la saison des fleurs, mais c'était simplement à cause des fleurs.

Pourquoi donc aujourd'hui le printemps lui met-il au cœur cette langueur, cette mélancolie presque douloureuse, mais pourtant si douce ?

Pourquoi donc est-elle émue des cris joyeux des oiseaux qui se poursuivent dans les branches ?

Pourquoi cette impression étrange d'un vide qu'elle sent en elle-même ?

Tout un monde de pensées se heurte dans son esprit ; c'est en vain qu'elle cherche à s'expliquer le trouble étrange où la jettent parfois des actes qu'elle avait vu autrefois s'accomplir sous ses yeux sans curiosité.

Pourquoi s'est-elle retournée pour revoir encore le couple gracieusement enlacé rencontré au hasard d'une promenade à la campagne ?

Et à présent, quand elle relit ses livres de jeune fille, certains passages qui demeuraient pour elles insignifiants, prennent tout-à-coup une importance étrange : c'est comme si certaines pages, pourtant déjà maintes fois lues, se présentaient pour la première fois à ses yeux.

Des souvenirs la hantent, l'obsèdent, la poursuivent dans ses rêves. Elle est la princesse persécutée, la pauvre jeune fille enfermée par le méchant enchanteur dans la tour de la forêt, et voilà qu'apparaît dans son éblouissant cortège et au son des fanfares joyeuses, le prince charmant qui va la délivrer.

Elle tend vers lui ses bras suppliants, il la saisit, il l'emporte au galop de son fougueux coursier, et la jeune fille se réveille le matin avec un peu de fièvre, avec la sensation d'une fatigue réelle, dans le désappointement un peu naïf de son beau rêve envolé.

Peu à peu cependant cette idée principale d'une existence étrangère intervenant dans la sienne propre se fait plus intense et plus vive, et dégénère bientôt en un besoin absolu, impérieux.

Un être imaginaire se crée de toutes pièces dans l'imagination de la jeune fille. Elle le revêt avec un soin jaloux de toutes les qualités morales et physiques qui constituent pour elle l'idéal suprême qu'elle envisage. Et alors il lui semble qu'elle n'est plus seule ; elle a un confident sympathique et discret avec qui son cœur s'entretient, à qui elle confie ses espérances indéfinies, ses craintes, ses joies mystérieuses, ses petits chagrins.

Et comme il est bon, cet être surnaturel, sans sexe bien défini, cet être qui n'est ni un homme ni un ange, qu'elle a créé elle-même, qui est plus beau, qui est meilleur que tout ce qui existe autour d'elle !

Ah ! combien ils sont charmants ces rêves de la jeune fille qui s'ignore encore !... Sous l'invisible poussée de la nature qui parle, l'âme s'envole tout d'abord vers les régions où plane le pur et le beau, l'immatériel et mystique amour, et s'en imprègne. Le mythe aimé qui a été revêtu de toutes ces qualités devient un modéle sur lequel va se guider la jeune fille qui, cependant, l'a imaginé elle-même.

Pour lui plaire, elle se fera meilleure, si elle est bonne ; elle se montrera plus tendre, plus douce ; elle cherchera à perfectionner encore sa beauté naturelle.

Combien de fois des parents surpris n'ont-ils pas attribué à un amour naissant ces changements survenus dans les allures de leur enfant !

Ah ! ils auraient bien surpris l'innocente en lui parlant d'amour.

L'amour !... mais non, elle n'aime personne !
Elle n'a remarqué personne. Elle n'a qu'un but
en agissant ainsi, rester digne de l'être surnaturel de ses rêves, de cette personnalité mystérieuse à qui elle s'est donnée, et elle n'éprouve
le besoin d'aucune autre satisfaction.

Mais cette période n'est que de courte durée, car survienne une circonstance fortuite, le
hasard d'une rencontre, d'un bal, et voilà qu'aux
yeux surpris de l'adolescente son rêve prend
forme, son idéal devient la réalité ; le prince
charmant est devant elle, c'est bien sa douce
voix qui lui parle, c'est bien son bras qu'elle
sent autour de sa taille !... Ah ! ce n'est pas
un inconnu pour elle ce jeune homme qu'elle
rencontre pour la première fois, et il y a bien
longtemps déjà qu'elle a vu se fixer dans les
siens ses yeux profonds et doux.

Elle savait bien qu'un jour viendrait où il
quitterait les régions mystérieuses du rêve pour
venir à elle, sous sa forme tangible, lui donner
l'appui si longtemps attendu.

Dans son cœur l'amour est entré.

C'est surtout le bal qui est pour les jeunes
filles l'occasion de la révélation subite de ce
sentiment qu'elles sentaient en elles sans pouvoir le définir. Car il n'en est pas une qui, avant
l'amour réel, n'ait eu une passion secrète, bien
cachée tout au fond d'elle-même, pour une

personnalité mystérieuse créée par son imagination.

Il semble même à la jeune fille que le premier bal doit lui apporter la clef du mystère qu'elle cherche à percer. Elle a comme une sorte d'intuition que c'est de ce milieu joyeux que va surgir l'explication attendue des troubles étranges qui l'inquiétaient parfois.

Aussi est-elle déjà sous l'impression d'une sensation d'attente fiévreuse quand elle met le pied pour la première fois dans le salon, où peut-être « il » l'attend.

Tout se prête à merveille du reste, pour la laisser sous l'influence de ses illusions. Le cadre s'harmonise à merveille avec ses rêves de jadis.

Des lumières, des fleurs, des musiques entraînantes, des parfums subtils, une atmosphère grisante, tout conspire pour enlever à la jeune fille la notion exacte de la réalité ; elle ne demande du reste qu'à continuer le rêve, et alors que dans ces circonstances toutes spéciales vienne à paraître quelque jeune homme se rapprochant quelque peu de l'idéal rêvé, elle ira à lui sans effort, comme vers le but marqué par la destinée.

La conception de l'amour se fait brusquement chez la Femme. Elle aime !... son imagination n'étant glacée par aucune expérience désagréable et le feu de la première jeunesse

ÉPOUSE

se trouvant dans toute sa force, elle appliquera à cet homme quelconque, l'image ravissante qu'elle s'est créée. Toutes les fois qu'elle le rencontrera désormais, elle jouira, non de ce qu'il est en réalité, mais de cette image délicieuse qu'il personnifie dans son esprit.

Mais, hélas ! combien il arrive trop souvent que, détrompée par l'expérience de la triste réalité, la méfiance vient couper pour toujours les ailes à l'imagination !

A propos de quelque homme que ce soit, fût-il un prodige, elle ne pourra plus se former une image aussi entraînante : elle ne pourra plus aimer avec le même feu que dans la première jeunesse.

Et comme en amour on ne jouit que de l'illusion qu'on se fait, jamais l'image qu'elle pourra se créer à vingt-cinq ans n'aura le brillant et le sublime de celle sur laquelle était fondé le premier amour à dix-huit, et le second amour semblera toujours d'une espèce dégénérée.

Dans la première jeunesse, l'amour est comme un fleuve immense qui entraîne tout dans son cours et auquel on sent qu'on ne saurait résister.

Plus tard, une âme tendre se connaît mieux, elle sait que si pour elle il est encore du bonheur dans la vie, c'est à l'amour qu'il faut le deman-

der et il s'établit dans ce pauvre cœur agité,
une lutte terrible entre l'amour et la méfiance,
ce qui n'existe pas chez la jeune fille à son premier amour ; là, de par le privilège de l'âge
tout est confiance, gaieté et bonheur !

Il peut arriver, pourtant, bien que l'expérience démontre le contraire, qu'une première
rencontre fasse découvrir à la jeune fille l'homme
digne d'être aimé d'elle selon la conception
qu'elle s'est formée de l'amour ; que sous tous
les rapports, aussi bien au physique qu'au moral, il réponde en tous points à l'idéal rêvé.
Alors les cœurs sympathisent, les regards parlent, des mots s'échangent, de douces promesses sont faites ; on devient fiancés.

Quelle douce période que celle qui précède
l'union ! Avec quel ravissement la jeune fille se
laisse peu à peu initier au mystère qui va bientôt se révéler pour elle ! Quel doux émoi em-
plit son cœur, quand la main dans la main de
son fiancé elle l'écoute lui parler de l'avenir,
du bonheur attendu, de cette existence à
deux dont elle avait autrefois la vague intuition !...

Mais par une fatalité étrange, il peut se produire des circonstances extraordinaires ou parfois même ridicules qui viennent éloigner l'un
de l'autre des cœurs qui se seraient compris,
et cela simplement à cause de l'imagination de

la jeune fille qui ne permet pas que l'on s'écarte de l'idéal rêvé.

Un exemple entre mille :

Nous parlions du bal tout à l'heure. Voilà un jeune homme qui a fait sur l'esprit d'une jeune fille une impression profonde. Il est beau, distingué, élégant ; tout en lui la séduit ; elle s'appuie sur son bras avec un sentiment où il y a de l'orgueil et du plaisir ; elle se laisse entraîner par le rythme berceur d'une valse. Mais, tout à coup, son danseur glisse et s'étale sur le parquet, l'entraînant dans sa chute. — Adieu le prince charmant !... Il ne reste qu'un maladroit à qui on ne pardonnera jamais le ridicule causé.

Le bonheur de toute une vie dépend souvent de circonstances aussi futiles.

Chez la jeune fille qui aime enfin, qui est sûre d'être aimée, il semble qu'une nouvelle transformation s'opère, mais celle-là plutôt morale que physique. Dans ces manifestations extérieures elle paraît avoir acquis une grâce nouvelle ; son amour l'embellit en quelque sorte, met sur ses traits un épanouissement plus complet. Sous la poussée de l'amour elle paraît vivre d'une vie plus intense ; le bonheur qui est en elle met dans ses yeux une flamme plus vive.

Elle oublie, dans son égoïsme heureux, tout

ce qui l'entoure, pour ne songer qu'à celui qu'elle aime.

Elle est tout entière au pouvoir de l'amour, de l'amour réel, passionné, pour celui qu'elle a choisi.

La pensée de la maternité future, de son rôle à venir ne lui vient pas encore. Elle n'a qu'un objectif, l'homme aimé.

Devant lui tout disparaît : famille, amis, tout enfin. L'amour devient le seul but de sa vie, le seul mobile de son existence.

L'amour ne souffre pas de contrainte, pas d'entraves ; il faut qu'il s'épanouisse en toute liberté, et malheur à qui s'oppose aux désirs qu'il inspire !

La jeune fille si candide, si naïve, si respectueuse vis-à-vis de ses parents, va trouver soudain dans l'amour une énergie extraordinaire pour défendre son affection si elle est menacée, et, si la lutte n'est pas possible, si elle est vaincue, elle n'hésitera pas devant les actes les plus extraordinaires de révolte ou de protestation : le couvent, le suicide, ou la fuite du foyer paternel avec celui qu'elle aime !

XV

AMANTE

« Plus impressionnable et plus affectueuse
que l'homme, la Femme est par cela même
plus véritablement amoureuse, et l'on peut dire
qu'en amour si l'homme se prête, la Femme se
donne. »

(Deseures).

L'amour, pour la Femme, c'est l'existence.
Mais par suite de la façon différente qu'ont les
deux sexes d'envisager l'amour, il arrive que,
plus la Femme se donne, moins elle conserve
de mérite aux yeux de l'homme; plus elle
pense reprendre un ascendant par la profusion
de ses faveurs, plus elle diminue l'estime qui
lui était acquise; et il arrive au contraire que
l'homme s'attache davantage à celle qui met à
un plus haut prix sa défaite, de même qu'en
toute chose la rareté renchérit la vertu, et

l'amour s'aiguise par les obstacles, les privations et les sacrifices.

Le premier amour, ce sentiment encore vague qui trouble les jeunes âmes, qui pousse l'un vers l'autre deux êtres qui s'ignorent encore, cette passion plutôt morale, n'est pas celle qui joue dans la vie le rôle le plus important; ce n'est pas sur celle-là que s'arrêteront plus tard les souvenirs attendus.

Aussi bien pour l'homme que pour la Femme le souvenir cher entre tous, c'est la première manifestation réelle de l'amour partagé : la possession.

C'est toujours à l'homme à qui elle a sacrifié sa virginité qu'iront les secrètes pensées de la Femme. — Certes, elle pourra se donner encore, mais jamais les sensations éprouvées ne remplaceront pour elle l'énivrement des premières étreintes, le bonheur intense, sublime que lui a procuré ce don d'elle-même dans toute la plénitude de son acception.

Ah ! oui, de ce jour-là, date seulement pour elle l'entrée dans la vie !

Elle avait toute la candeur de la jeunesse, tous les désirs de l'inexpérience, tous les besoins d'une vie nouvelle, toutes les espérances d'un cœur droit.

Elle a rencontré un homme pour qui aussi tout commençait, qui était comme elle, jeune et impatient de vivre, comme elle plein d'espoir, comme elle beau d'inexpérience. N'était-ce pas une justice de lui consacrer, à cet élu, fraîcheur, grâce, noblesse, tout ce qu'on avait de bien en soi ?

Certainement il arrive que le cœur se trompe ; tout au début, il ne sait pas discerner encore et il suit invinciblement le penchant qui l'entraîne.

Il passera plus tard par la dure expérience de la réalité ; mais il ne se rend dans sa première période de passion, ni à l'évidence, ni même aux conseils des parents.

Pour lui n'existent ni principes, ni prétextes. Il veut aimer et il aime dans une indépendance complète, absolue.

Mais trop souvent l'expérience qui lui manque, à ce pauvre cœur tout affolé d'amour, il l'acquiert à ses dépens.

L'amour est surtout une loterie, où la plus large part est laissée à la chance et au hasard. Heureuses celles que le sort favorise, qui du premier coup mettent la main sur le bonheur ; mais pour le peu qui ont de chance, combien s'en meurtrit aux désillusions les plus cruelles !...

Ce n'est pas sans raison que l'Amour est représenté les yeux bandés, et il arrive qu'après le premier emballement, on s'aperçoive avec terreur que l'être aimé, à qui on a tout donné, ne répond plus à l'idéal rêvé.

Une fréquentation plus ou moins longue, révèle des choses ignorées. Il est trop tard !... Aussi que de pleurs, que de regrets succèdent souvent aux joies si pures, si intenses du premier amour !... Mais cependant, sous ces regrets et sous ces larmes, persiste toujours une sorte de reconnaissance secrète pour le premier initiateur, pour celui qui, somme toute, a été la cause des premières joies.

La Femme, la jeune fille surtout se fait de l'amour une conception absolument fausse, imparfaite. Et si elle conserve quelque temps ses illusions, il arrive pourtant un moment où elle acquiert la notion exacte de ce qu'il doit être.

On ne peut donc prétendre, comme l'ont fait certains auteurs, en étudiant la question, qu'on ne peut aimer qu'une fois.

La première fois qu'une femme ressent ce qu'elle croit être de l'amour, elle ne sait pas, elle est timide, embarrassée : à peine si elle ose avouer qu'elle aime ; les plus légères faveurs lui paraissent des crimes, elle se les laisse ravir plutôt qu'elle ne les accorde, et elle se les reproche sans cesse ; elle voudrait se faire violence et résister à son penchant.

Cet état de contrainte tourne au profit de

la passion, et elle n'en aime que davantage..

La seconde fois, elle sait, elle est plus libre ; elle se livre avec moins de retenue, elle sent plus l'empire des sens et moins celui du sentiment ; et il arrive même fréquemment que des femmes, avec beaucoup de cœur, d'imagination et de beauté, avec tout ce qu'il faut en un mot pour inspirer et ressentir une grande passion, se trompent dans un premier choix, et dans leur empressement à réparer leur erreur, à prendre une revanche, se trompent de nouveau et si souvent que lorsqu'enfin elles rencontrent l'idéal rêvé, elles ne le méritent plus et souffrent alors de se sentir indignes de lui.

Mais elles ne savent pas ces femmes que les rêves ne se réalisent jamais. Elles devraient se dire que lorsqu'on a obtenu l'amour qu'on a désiré, comme le comble du bonheur, on devrait s'estimer heureux et ne pas chercher un au-delà impossible à réaliser.

« O femmes, songez donc que lui, l'ange que vous voyez au ciel, est tombé, il est tombé dans vos bras, qu'il est maintenant sur la terre et qu'il marche à vos côtés. »

(CONSTANT.)

Certes longtemps la Femme se défend avant la chute, elle résiste tant qu'elle peut à l'appel vibrant de ses sens eux-mêmes ; la pudeur que la nature a mis en elle, lui sert de cuirasse et la protège contre elle-même.

Mais que vienne un chagrin, qu'une jalousie la prenne, qu'une joie la saisisse et une défaillance la livre sans défense, l'aveu lui échappe, l'amant s'en empare, il la presse, il sollicite, il implore.

Elle aime !... Elle voudrait céder, mais elle sent à l'avance comme un remords ; elle pressent la faute, mais cependant, sur un regard plus brûlant, sur un mot plus tendre, elle se sent faiblir ; encore incertaine, elle délibère. Si elle s'accorde, si elle cède, elle compromet son être ; si elle résiste, elle ne l'emploie pas.

Elle hésite, puis elle consent, et c'est alors qu'elle sent réellement qu'elle aime : ce qui est obtenu convient à ses besoins : moins impétueuse, elle s'en tient pour un temps aux choses établies et réalisées.

Cependant, les lois de la nature n'ont pas exigé de perpétuité ; l'homme souvent porte ailleurs ses poursuites et la Femme s'attache à ce qui reste de ses affections.

Elle avait rêvé la durée, le bonheur, le long charme de l'amour mutuel, elle était dans les songes célestes ; le lendemain elle est surprise, inquiète, rêveuse ; de sombres pressentiments l'assaillent, elle voit s'ouvrir une vie d'amertume, elle a tout perdu, lui semble-t-il : l'estime des hommes, la tendresse paternelle, sa douce conscience, sa fierté d'âme pure.

Il ne s'agit plus de s'avancer dans les illusions, il faut repousser les songes et rester en face de la cruelle réalité.

XVI

ÉPOUSE

La vie de la jeune fille qui s'était écoulée jusque-là dans une monotonie très douce, entre son père qui l'aimait et sa mère qui la chérissait, les frères, les sœurs, tous pleins pour elle de tendres affections, vient d'entrer dans une phase nouvelle.

A côté des êtres chers près de qui s'est passée si heureuse son enfance insouciante, sa première jeunesse si calme, voilà qu'une autre figure a surgi.

Un étranger a sa place autour de la table familiale. — C'est un jeune homme, un inconnu hier, auquel aujourd'hui, le père serre affectueusement les mains, que la mère comble d'attentions, que les frères traitent comme un frère, et qu'elle-même, la jeune fille, couve sous ses longs cils baissés d'un regard tout chargé de tendresse.

C'est un fiancé! Le mari de demain! L'homme à qui elle a donné sa foi, qui va devenir le compagnon de sa vie.

Comment donc cela s'est-il fait ? — Par quelle suite de circonstances ce jeune homme, rencontré par hasard, dans une soirée, dans un bal, entrevu au théâtre, au cours d'une promenade, est-il arrivé à prendre une place aussi importante dans son existence, ou mieux y prendre la place tout entière ?

Elle allait tranquille dans la vie, riant elle-même parfois des songeries étranges qui lui traversaient l'esprit !...

Y avait-il autre chose de meilleur sur cette terre que cette douce existence dans la famille ? Le bonheur existait-il autre part ?

Et pourtant il a suffi d'un regard, d'une pression de main, d'une douce parole pour renverser d'un seul coup toutes les idées de la jeune fille sur ce point.

Dans son cœur, lentement, très lentement, mais sûrement, l'amour filial, sans disparaître, a laissé place à un autre amour, à l'amour : car elle aime à présent, et la douceur de ce nouveau sentiment dépasse toutes les prévisions que son imagination s'est complue à rêver.

Tout d'abord elle a ressenti pour ce jeune homme une sympathie marquée ; elle a bien vite remarqué aussi qu'elle avait produit sur

lui une impression aussi vive que favorable. Il
a cherché à la revoir, il a parlé ou il a écrit,
mais elle a su qu'elle était aimée, et cela répondait si bien au désir secret de son cœur, que
loin de repousser cet hommage, elle a encou-
ragé cet amour naissant, avec cette discrétion
prometteuse, ces demi-aveux pleins de restric-
tions, tout l'arsenal enfin de cette diplomatie
infuse qui fait de la plus innocente Agnès,
quand l'amour la touche, la plus rusée et la
plus fine des créatures.

Puis, un jour, sa mère l'a prise à part.

On est venu demander officiellement sa
main. — Elle a rougi, puis pâli... Elle a bal-
butié des mots vagues... Me marier!... Oh!
non!... Te quitter, maman... Jamais!

Mais la sournoise sent chanter en elle tout
un chœur de voix joyeuses.

Et la bonne mère, qui elle aussi a joué en
son temps cette petite comédie, l'a tendrement
embrassée, pas dupe le moins du monde de
ses protestations.

C'est alors qu'il est venu et qu'a commencé
une période de jours bien heureux et bien
doux.

Plus de regards furtifs sous les rideaux en-
r'ouverts, plus de billets glissés au hasard des
rencontres, plus de ces craintes des voisins
indiscrets. Il a ses entrées, il vient tous les

jours, et ils peuvent, librement échanger leurs
doux projets d'avenir construire par la pensée
le nid futur de leur amour définitivement consacré.

Bien que le mariage n'ait pas encore apporté
sa sanction légale à sa nouvelle situation, la
fiancée vient de gravir un nouvel échelon dans
la hiérarchie féminine.

Elle n'est plus une jeune fille, elle n'est pas
encore une femme. C'est une nuance fort subtile dont cependant elle a conscience, car du
jour où son bonheur futur est officiellement
déclaré, elle modifie presque inconsciemment
son allure.

La jeune fille d'hier, si vive, si enjouée
dédaigne à présent le volant et le jeu de grâces
ce sont là amusements de petites filles; son
visage se fait plus sérieux et plus grave, elle
semble avoir acquis subitement sur ses compagnes de la veille une incontestable supériorité.

Elle se voit entourée d'une sorte de considération particulière qui flatte son amour-
propre; elle prend, même dans sa famille, une
importance plus marquée, et c'est au fiancé
qu'elle reporte toutes ces petites satisfactions
qui deviennent alors un stimulant nouveau à
l'amour que déjà elle éprouve.

Ah! son fiancé!... on peut lui en parler sans

crainte de jamais la lasser ; tout ce qui a rapport à lui l'intéresse, la passionne. N'est-il pas déjà une partie intégrante d'elle-même ? Sa vie n'est-elle pas déjà un peu la sienne ? Et combien elle lui sait gré à ce jeune homme de l'avoir remarquée, elle entre toutes, d'avoir su la découvrir parmi ses compagnes, rendant ainsi un éclatant hommage à sa valeur personnelle !

Mais pourtant, s'il est des unions auxquelles la jeune fille consent, poussée exclusivement par l'inclination de son cœur, il en est d'autres qu'elle n'accepte que dans le but d'un simple changement de situation.

Un prétendu est bien souvent, aux yeux de celle qu'il doit épouser, un homme pour lequel elle n'a ni goût ni répugnance, et qu'elle épouse cependant avec plaisir, sans un penchant décidé, parce que cet homme est un mari et qu'en même temps qu'il la place dans une situation douce et heureuse, elle espère jouir d'une plus grande liberté.

Vouloir un état, un nom, une fortune dont on puisse disposer, se jeter enfin dans les bras d'un mari pour se sauver de ses parents : Voilà ce que certaines jeunes filles appellent de l'amour, et ce qu'on peut, à plus juste titre, appeler le désir de l'indépendance.

Ah ! plaignons-les, ces malheureuses qui considèrent le mariage comme une affaire !... Elles ignorent les joies intimes, cette émotion si pénétrante et si douce qui envahit les cœurs aimants aux approches du jour solennel qui va marquer l'étape définitive de la vie !

Les bans ont été publiés, le jour de la cérémonie nuptiale est fixé, et dès lors tout chante autour de la jeune fille, tout lui semble plus beau et meilleur, et c'est à peine si de temps en temps une appréhension, qui n'est pourtant pas de la crainte, vient mêler sa voix timide au concert joyeux dont les accents enchanteurs vibrent si délicieusement en elle.

Chacun lui fait fête ; parents, amis, compagnes rivalisent de compliments, et c'est alors qu'elle a pleinement conscience du véritable rôle de la Femme et qu'elle comprend bien que ce n'est pas seulement à sa personnalité que vont tous ces hommages, mais au principe même qu'elle va bientôt être appelée à incarner.

Jeune fille, elle n'était rien ; Femme, elle devient la base d'une nouvelle famille ; elle va prendre à son tour en dépôt les traditions et les devoirs qu'elle aura la charge de perpétuer et d'apprendre elle-même à ses propres enfants.

Le sentiment de cette mission sacrée se mêle à son amour et lui met au cœur un doux orgueil.

C'est pour elle, c'est pour consacrer cet amour que se fait autour d'elle toute cette agi-

tation ; c'est pour la fête de son amour que se
prépare la symbolique robe blanche et la couronne des vierges.

Mais enfin il est arrivé le grand jour.

Après une nuit sans sommeil, tout enfiévrée,
le cœur battant à grands coups, la jeune fille,
toute rougissante, traverse la foule accourue.

Elle est là, près de celui qu'elle aime, dans
une salle à l'aspect sévère, devant un magistrat
grave qui lentement prononce de graves paroles.

Elle écoute sans entendre ; ses facultés paraissent anéanties ; elle ne voit sous ses pau-
pières baissées que le regard souriant de l'aimé
qui la contemple avec tendresse ; et c'est d'une
voix bien faible, que l'émotion fait trembler,
qu'elle articule le « Oui » sacrementel qui la
lie pour jamais à l'époux de son choix.

La loi vient de consacrer son amour ; elle a
désormais le droit de le montrer fièrement, et
tout à l'heure, à l'église, dans les chants triom-
phants des grandes orgues, dans les parfums
subtils de l'encens, à la voix du prêtre qui
murmure de mystérieux mots d'amour, elle va
éprouver la plus délicieuse sensation peut-être
de sa vie tout entière.

Déjà elle s'est agenouillée ainsi devant un
prêtre, elle était comme aujourd'hui parée de
la robe qui symbolise l'innocence : c'é'ait le

jour de sa première communion. Mais si, à cette époque, elle gardait un pieux et doux souvenir, combien était plus vive et plus intense aujourd'hui l'émotion éprouvée !... Et voilà qu'à son doigt se passe l'anneau symbolique, unique maillon de la chaîne qui l'attache désormais pour la vie à celui qu'elle aime !...

Tout est fini; la Femme est à présent l'épouse.

Malicieusement, on la salue de son nouveau titre, on lui prodigue les « Madame » et elle sourit, heureuse. Ses regards ne quittent plus l'époux; elle sent à présent plus que jamais à quel point son existence est engagée, et il lui semble que de ce jour seulement sa vie a un but, que jusqu'à présent elle avait été toute seule tandis que maintenant elle a auprès d'elle un protecteur devant qui s'effacent toutes les affections antérieures.

Mais pourquoi donc cette rougeur subite qui vient envahir le front de la jeune épouse ?

Elle vient de surprendre, dans un regard de son mari, une flamme étrange, qu'elle n'y avait pas encore vue.

Elle songe alors que tout n'est pas fini qu'il lui reste encore à approfondir le mystère qui doit être la continuation suprême de son amour.

Si elle ne sait pas, elle devine du moins,

t son œil un peu attristé, se penche sur le
ouquet de son corsage, dans un adieu aux
auvres fleurs qui vont tout à l'heure s'effeuiller
our jamais sous les baisers du maître, de
amant légal !...

*
* *

Furtivement les jeunes époux ont quitté le
al, et les invités sourient en constatant leur
bsence.

Dans le coupé qui les emporte vers la
hambre nuptiale, la jeune mariée se laisse
oucement bercer au murmure de la voix de
on mari, disant à son oreille des choses dou-
es et terribles qui la troublent délicieuse-
ent.

Elle sent autour de sa taille se resserrer une
treinte passionnée. Elle a comme une pres-
ience du mystérieux tout à l'heure qu'elle re-
oute et désire. Elle voudrait que cette course
ans la nuit durât encore longtemps, longtemps,
t elle voudrait aussi être déjà là-bas, avoir
tteint enfin le but inconnu encore que son
magination surexcitée lui montre sous des as-
ects si étranges.

Le rayonnement de bonheur qui pendant
oute cette journée avait illuminé le visage de
 jeune épousée semble s'être éteint, sous l'in-

fluence de l'émotion poignante qui lui étreint le cœur, et qui va s'augmentant de minute en minute. Mais ce n'est là qu'une apparence, car la flamme joyeuse persiste au dedans d'elle-même, et si une sorte de recueillement paraît étendre son voile sur sa joie, celle-ci n'en reste pas moins entière, mélange délicieux de crainte vague et d'espoir.

Ils sont seuls, enfin, dans la coquette chambrette. Elle a eu un coup d'œil rapide au grand lit, et un furtif souvenir pour sa blanche couchette de jeune fille, où elle eut autrefois ces beaux rêves aujourd'hui réalisés.

Le moment est solennel, car de cet instant peut-être va dépendre le bonheur ou le malheur de deux existences ; c'est à cette minute suprême que se décide souvent l'avenir des unions.

La jeune fille partagée entre la crainte du redoutable inconnu et la curiosité, attend avec angoisse la révélation suprême, et quel tact, qu'elle décision ne faut-il pas au mari pour éviter de blesser d'une façon irrémédiable peut-être, la pudeur et la délicatesse de sa compagne.

Il est aimé sans doute, mais jusqu'alors les preuves d'amour qu'il a reçues ont été plutôt morales que matérielles. Connaît-il le tempérament spécial de cette femme qui est la sienne à présent.

Combien de désillusions, d'amers regrets sont nés d'une première nuit de noces ; et c'est de là souvent que naissent les germes de ces antipathies qui surgissent ensuite, sous des motifs en apparence futiles.

Ah ! c'est qu'il faut compter avec l'idéal qui est au cœur de toutes les femmes, avec leur sensibilité exquise, leur finesse d'observation qui ne laisse passer aucun ridicule, aucun manque de tact !

Il faut que cette première nuit laisse dans l'esprit de l'épouse une impression ineffaçable dont elle conservera jusqu'au dernier jour le délicieux souvenir.

Mais s'il est du devoir de l'homme d'apporter, dans cette initiation première, tout le tact et toute la délicatesse désirables ; s'il doit se montrer, suivant les circonstances, d'une discrétion relative, ou d'une certaine audace, il ne faut pas que par un accès de pudeur, qui devient alors de la pruderie ridicule, la Femme vienne jeter un manteau glacé sur les ardeurs qu'elle inspire.

L'époux a été ce qu'il devait être, et la jeune femme s'est endormie, un sourire aux lèvres, dans les bras qui la bercent. Des rêves dorés continuent son extase, et quand le jour vient et qu'elle s'éveille, il lui semble un instant qu'elle n'a pas quitté les régions célestes où son âme s'était envolée. Mais peu à peu sa griserie se dissipe, la réalité apparaît... Près d'elle repose l'époux; elle se souvient et, si elle éprouve à ce moment comme un peu de honte, l'amour ne tarde pas à la dissiper en reprenant sa place toute entière.

Le regard de la jeune femme se fait plus tendre encore; il est à elle, à elle pour toujours, ce mari aimé!... Ils ont échangé leur cœur dans leurs caresses!... Elle va vivre à jamais de sa vie et de sa pensée!...

MÈRE

XVII

MÈRE

Dans toutes les phases successives de son existence, le rôle de la Femme apparaît sous les aspects les plus bienfaisants et les plus salutaires pour la plus grande satisfaction de l'humanité.

En naissant elle apporte dans la famille, avec son premier sourire, le bonheur comme un rayon de soleil.

Jeune fille, elle en devient la joie et l'orgueil par sa beauté et sa grâce.

Mais où son influence acquiert tout son entier développement, c'est à l'instant où elle conçoit elle-même l'amour. Elle devient alors pour l'homme aimé le pivot de l'existence, le but unique et réel de la vie. C'est vers elle que vont aller toutes les aspirations ; c'est elle qui est en quelque sorte le mobile de toutes les actions, et grâce à ses qualités exquises de sensibilité et de délicatesse, elle dirige la marche de l'humanité vers les sommets les plus élevés, contre-balançant ainsi les tendances grossières et basses qui constituent le fond du caractère de l'homme.

L'influence de leur société s'étend sur toutes les habitudes et sur toutes les actions de la vie. C'est à leur compagnie que les hommes sont redevables de leurs progrès dans l'art de plaire, et c'est au désir de leur plaire qu'ils doivent les grâces de leur personne, l'élégance de leurs manières et peut-être la cul'ure et les agréments de leur esprit.

Les anciens l'avaient bien compris, eux qui créèrent les *Muses*, ces inspiratrices divines de tout génie humain.

C'est la Femme qui trouve pour ainsi dire la morale expérimentale que l'homme convertit ensuite en système. Si l'homme a le génie, la Femme a l'esprit ; elle observe tandis qu'il raisonne, et de ce concours résulte la lumière la plus claire et la science la plus complète que l'entendement humain puisse acquérir dans les choses morales, la plus sûre reconnaissance en un mot de soi et des autres, qui soit à la portée de notre espèce. Sans la Femme, l'être humain serait incomplet ; il lui manquerait ce stimulant puissant, cette force mystérieuse qui fait éclore et développe la passion d'où jaillit le génie !

« Les femmes ne seront mères suivant la loi de la nature que lorsqu'elles travailleront à développer l'âme de leurs enfants, a dit Aimé Martin. Leur mission sur la terre n'est pas de procréer un bipède intelligent, c'est un homme complet que le monde leur demande, un homme dont toutes les passions participent du beau et de l'infini, qui sache choisir sa compagne, inspirer ses enfants, et s'il le faut, mourir pour la vertu. Il y a donc pour la Femme un double devoir, comme il y a pour l'homme une double naissance ; naître à la vie ce n'est rien que naître au plaisir et à la douleur ; naître à l'amour de Dieu et des hommes, c'est là véritablement naître, et cette seconde naissance, notre mère nous la doit, si elle veut jouir d'un autre bonheur que de nous voir respirer et digérer, de ce bonheur que Shakespeare exprime si bien lorsqu'il fait dire à la mère de Coriolan :

« J'éprouvai moins de joie à sa naissance que le jour où je lui vis faire une action d'homme. »

Mais là ne s'arrête pas le rôle de la Femme. Il ne se borne pas à guider d'une façon occulte, l'homme sur le progrès ; la nature lui a choisi une mission admirable entre toutes, celle de perpétuer l'espèce par la maternité ; celle de transmettre aux générations qui la suivent tout le charme qui est en elle, augmenté encore de ses propres observations et des résultats des progrès accomplis dont elle a été l'inspiratrice,.

Sur le sein maternel repose l'esprit des peuples, leurs mœurs, leurs vertus, en d'autres termes, la civilisation du genre humain tout entier.

Les observateurs superficiels conviennent bien de la réalité du pouvoir de la Femme, mais ils objectent que cette souveraineté ne s'exerce que dans la famille; ils ne songent pas que l'ensemble des familles constitue la nation.

Les pensées qui occupent la Femme au coin de son foyer, l'homme les porte sur la place publique. Il réalise là par la force ce qui lui fut inspiré par les caresses ou insinué par la soumission.

Il semble en apparence que les Femmes soient bornées au gouvernement matériel de leur maison, on ne les instruit que pour cela, et c'est de la maison de chaque citoyen que sortent tous les principes bons ou mauvais, les erreurs et les préjugés qui gouvernent le monde d'une façon absolue.

Dans nos sociétés modernes, les mères nous donnent nos premiers sentiments et nos premières idées; c'est la mère qui reconnaît le caractère et le génie de son enfant, applaudit à sa vocation, le soutient souvent contre le mécontentement paternel, le fortifie et enfin le livre à la Société.

Dès l'instant où la Femme a conçu le premier germe qui doit devenir l'enfant, une transformation complète s'opère en elle, bien plus grande encore et plus rapide que celle qui a marqué son passage de l'enfance à la puberté.

Il semblerait que, sous les baisers de l'époux, sa beauté se soit tout à coup épanouie dans toute sa splendeur, comme une belle fleur qui n'attend qu'un rayon de soleil pour acquérir tout son parfum et sa complète perfection.

A ce moment, où la nature travaille à mettre la Femme en état de se reproduire elle-même, et à donner aux organes qui doivent servir à cette œuvre importante tout le développement qu'elle exige, le corps éprouve une secousse générale et il semble que tout s'anime alors chez la Femme d'une vie plus intense. Ses yeux acquièrent plus d'éclat et plus d'expression, tout ce que la grâce a de plus séduisant, tout ce que la jeunesse a de fraîcheur brille dans sa personne.

De ce nouvel état, il résulte en elle une surabondance de vie qui cherche à se répandre et à se communiquer.

Les formes se développent dans leur charmante maturité, la gorge acquiert sa plénitude et s'affermit. La beauté prend une expression pour ainsi dire plus majestueuse.

Mais si ces transformations physiques sont

en dehors de la volonté de la Femme, il n'en est pas de même du changement moral qui s'opère en elle en ce moment.

L'air de son visage se modifie, une gravité douce y met sa trace, le regard devient par son éclat quasi surnaturel.

La Femme est consciente du nouveau rôle qui lui incombe ; elle a la notion exacte de la responsabilité dont elle prend la charge avec joie, et dès le premier tressaillement du petit être qui est en elle, elle est devenue la mère, elle commence déjà la tâche sacrée pour laquelle elle est créée.

Mère ! elle est mère ! — Elle le possède enfin ce titre qui est le couronnement, la récompense de sa vie, toute d'amour et de dévouement.

Quel sentiment puissant !... De quelle force incomparable ne jouit-il pas cet amour maternel, cette manifestation la plus sublime de l'éclair divin qui est l'âme de la Femme, cet amour excessif qui se manifeste bien avant la naissance de l'enfant, qui éclate dans toute sa plénitude, quand l'être chéri apparaît, et qui va toujours grandissant jusqu'au terme de la vie !...

N'est-ce pas un ravissant tableau que la jeune femme préparant avec amour les mignons vêtements du bébé attendu ? Avec quel soin, quelle sollicitude inquiète et aussi avec quelle amoureuse coquetterie, elle dispose le minuscule trousseau !

Et les questions intimes ? Sera-ce une fille ? Un garçon ? — Et les noms choisis d'avance, harmonieux, tendres, et les projets d'avenir ? Tout cela n'est-il pas charmant !

Ah ! la première maternité surtout, quelle source de joie ineffable pour la Femme ! et comme elle se sent payée des quelques instants de souffrance que lui a occasionnée le cher petit enfant, quand elle le voit dans ses bras !... Quelle surprise naïve, quel bonheur intense d'avoir donné le jour à un être semblable à elle !... Elle goûte alors un plaisir d'autant plus grand qu'il est plus nouveau pour elle.

L'amour maternel est d'une essence toute particulière, car plus encore que l'amour proprement dit, il est aveugle ; c'est une sorte d'adoration passionnée qui n'admet pas chez l'objet de son culte la plus légère imperfection et qui est susceptible de déterminer les actes les plus extraordinaires d'énergie et de dévouement.

C'est l'amour complet sans restriction, et c'est ce sentiment qui place la Femme tout au sommet de l'échelle des êtres.

L'amour maternel dans le cœur si large de la Femme ne vient pas pour cela affaiblir ses autres affections, ni diminuer en rien ses autres tendresses ; au contraire, elle les développe encore. L'enfant devient pour les époux un nouveau lien ; ils se sentent, par le frêle petit être qui est là, plus tendrement unis encore. Au-dessus du berceau, les baisers se font plus passionnés qu'hier, et chez la Femme surtout une reconnaissance délicieuse vient encore décupler l'amour pour l'époux. C'est à lui qu'elle doit ces jouissances intimes, cette satisfaction suprême de voir dormir sur son sein cette chair de sa chair, cet autre elle-même qu'elle a procréé !

Où trouve-t-on les plus puissantes émotions de la nature si ce n'est dans les manifestations de l'amour maternel, si ce n'est dans l'âme brûlante èt passionnée des mères ?

Ce sont elles qui, par un mouvement aussi prompt qu'irréfléchi, s'élancent dans les flots pour en arracher leur enfant qu'une imprudence y a précipités : ce sont elles qui se jettent à travers les flammes pour enlever au milieu d'un incendie l'enfant qui dort dans son berceau ; ce sont elles qui, pâles, échevelées, embrassent avec transport le cadavre du fils mort dans leurs bras, collent leurs lèvres sur ses lèvres glacées, tâchent de réchauffer par leurs larmes brûlantes sa dépouille insensible. Ces grandes expressions, ces traits déchirants qui nous font palpiter à la fois d'admiration, de terreur et de tendresse, n'ont jamais appartenu et n'appartiendront jamais qu'aux femmes. Elles ont dans ces moments une force, une énergie qui les élève au-dessus de tout, qui semble révéler de nouvelles âmes et reculer les bornes connues de la nature.

L'amour d'une mère pour ses enfants est le plus énergique de tous les sentiments. Il élève la Femme au-dessus d'elle-même, la rend capable d'un dévouement sans limite, d'un courage plus qu'humain et d'un esprit de sacrifice auxquels l'homme n'atteindra jamais !

Quelle différence aussi entre l'amour de la mère et celui du père ! Ce dernier, malgré toute son affection, ne laisse jamais la passion surmonter la raison.

Qu'un enfant, victime de ses passions, s'adonne au jeu, à la débauche ; que son honneur, celui même de sa famille soient compromis, que le glaive de la Loi soit suspendu sur sa tête, la malédiction du père l'attend ; tandis que la mère, tout entière à la douleur de le perdre, ouvre encore ses bras pour presser sur son sein celui qu'elle a peut-être cessé d'estimer, mais qu'elle chérit encore.

C'est auprès du berceau de son enfant, c'est en voyant sa fille lui sourire de son sourire d'ange, c'est en contemplant les yeux de son fils qui lui rappelle l'époux qu'une mère est heureuse.

Désormais elle vit d'autant de vies qu'elle a d'enfants; leurs peines, leurs joies lui sont communes et trouvent dans son cœur leur répercussion.

Avec quel sentiment de doux orgueil elle les suit dans la vie et constate leurs succès !... N'est-ce pas un peu sa récompense à elle qui a pétri ces jeunes cœurs, à elle qui a donné à ces êtres non seulement la vie, mais qui avec son lait leur a transmis son essence propre ?

C'est elle qui se voit revivre en eux et si la mère, que d'autres soins préoccupent, n'a plus pour son miroir les interrogations d'autrefois, elle retrouve en sa fille ses traits dans tout le charme de la jeunesse. C'est ainsi qu'elle était jadis, et elle suit avec passion les progrès de la beauté grandissante, revivant dans l'enfant adorée sa propre vie.

Et voilà que la fillette a grandi, qu'elle est devenue une belle jeune fille; voilà qu'elle aime à son tour, comme a aimé la mère. Ah ! c'est surtout à ce moment que l'amour maternel se développe davantage. Il se fait plus ardent, plus soucieux aussi, car elle sait, elle, la mère; elle connaît le danger des passions malheureuses, et elle voudrait écarter de sa fille tout obstacle au bonheur qu'elle rêve pour elle.

Avec quel soin elle s'efforce de diriger ce jeune cœur, de lui montrer la voie droite qu'il faut suivre !... Et quand ces efforts ont été couronnés de succès, quand elle acquiert la conviction que l'enfant sera heureuse, elle respire et suit d'un œil attendri le recommencement de son propre bonheur dans la nouvelle famille dont elle est la base.

Elle assiste, l'âme en joie, à l'éclosion de ce bouton de rose, à l'épanouissement de cette fleur charmante dont elle est la tige !

ANTIQUITÉ : TYPE ÉGYPTIEN, TYPE GREC

XVIII

L'AIEULE

Un incident qui a aussi dans la vie de la Femme une importance capitale vient, à son heure, la classer dans une nouvelle catégorie et lui assigner la place définitive qu'elle gardera jusqu'à son dernier jour.

Elle est grand'mère.

Sa fille, son fils, lui présentent un petit être sur qui va se reposer tout ce qui reste d'affection et de tendresse dans ce cœur, qui en contenait tant et qui n'a pas été épuisé, car il est inépuisable.

C'est pour la Femme qui devient aïeule, comme une maternité nouvelle; et si elle n'y a pas coopéré effectivement, elle n'en éprouve pas moins toutes les sublimes joies.

Cet enfant qui vient de naître lui rappelle ses plus chers souvenirs. C'est comme un printemps qui vient apporter son rayon de soleil dans l'hiver de la vieillesse qui commence. Aussi avec quelle joie elle l'accueille, ce cher petit dans lequel elle se sent revivre elle aussi !

Elle est grand'mère et elle ne regrette plus ses cheveux blanchis : elle ne se souvient plus des douleurs qui ont pu endeuiller sa vie et elle va concentrer sur la chère petite toutes les dernières épaves de sa tendresse.

L'amour de la grand'mère pour ses petits-enfants dépasse peut-être encore l'amour maternel; c'est comme une flamme sur le point de s'éteindre qui paraît se ranimer dans une lueur plus vive et qui donne l'impression d'une résurrection.

Avec l'âge les sentiments paraissaient s'être endormis, mais ils se réveillent avec une force nouvelle sous les caresses du petit enfant, et la grand'maman semble pour lui, reculer au delà du possible les bornes de la tendresse.

La femme semble rajeunir par l'éclosion de ce nouvel amour qui vient illuminer son âme et dans son affection passionnée pour l'enfant de son enfant, il se mêle presque de la reconnaissance.

Si ses propres enfants à elle l'ont attachée à leur père, s'ils ont été pour elle une source de joies bien vives mais disparues, celui-là vient donner un aliment nouveau à son besoin d'amour; il la rattache par de nouveaux liens, plus solides encore, non seulement aux jeunes gens qui sont ces enfants, mais encore à la vie elle-même, dont elle s'était peu à peu désintéressée.

Il existe des femmes qui, par une exception monstrueuse, ne sont pas accessibles à l'amour maternel. Il est des mères dénaturées qui détestent leurs enfants. Il en est qui, par un égoïsme féroce, les classant plus bas que l'animal, se refusent au rôle sublime de la maternité. Il est d'atroces *faiseuses d'anges* qui, pour éviter l'embarras ou la honte d'une faute, vont jusqu'au crime le plus odieux qui soit et donnent la mort à l'enfant qui naît d'elles.

Mais il n'est pas de grand'mère qui ait jamais commis l'acte abominable de supprimer, ou même de conseiller la suppression violente de son petit-fils !

Et il est certain que l'on crierait à l'invraisemblance si, dans le roman ou au théâtre, un auteur mettait en scène une grand'mère infâme à l'égard des enfants de ses enfants.

Comme elle les gâte au contraire, comme ils sont choyés chez bonne maman, les chers petits !... Quelle fête c'est pour eux quand ils peuvent courir chez la bonne grand'mère si indulgente, toujours prête à la satisfaction des moindres caprices, et dont les caresses sont si tendres !

Chez la grand'mère, l'enfant est roi ; il commande en maître souverain, mais aussi comme elle est payée de retour, la chère femme, et quel attendrissement pour son âme, aux cajoleries de ses mignons !

Ah ! c'est encore un beau rôle pour la Femme que cette période de la vieillesse heureuse, qui s'écoule entourée de la considération de tous, de la vénération des enfants et de la tendresse câline des tout-petits !

Sa mission sublime est terminée, sa tâche est accomplie ; elle peut envisager d'un air serein la mort prochaine, elle a fait son devoir, elle ! — Toute son ambition désormais doit se borner à jouir des droits respectables que les fonctions qu'elle a remplies lui ont acquis ; elle n'a plus rien à attendre au point de vue physique des causes auxquelles elle a dû sa principale considération ; ses charmes sont flétris, tout est détruit, mais il lui reste au front une auréole auguste qui rayonne sur la famille entière.

Son souvenir restera perpétuellement dans les cœurs qu'elle a tant aimés, et comme la grande figure de la Femme surgira toujours au-dessus de l'humanité, l'image vénérée de l'aïeule planera incessamment au-dessus de la famille !

XIX

Nous ne saurions clore cette rapide étude des différentes phases de l'existence de la Femme sans dire un mot de la situation particulièrement délicate que lui crée le mariage de ses propres enfants, de ses filles surtout.

Que n'a-t-on pas dit de la belle-mère, que ne lui reproche-t-on pas ? C'est elle, si on en croit les vaudevillistes et les auteurs comiques, qui met la zizanie dans les ménages ; — c'est elle qui prêche à sa fille la rebellion, la révolte ouverte contre le mari ;... c'est elle qui sème sous les pas de son gendre toute une série de pièges, qui trouve pour lui des tracasseries raffinées, qui transforment l'homme le plus calme en un énergumène enragé !

Tout cela est-il bien exact, et réellement la belle-mère est-elle l'être pernicieux et fatal qui vient jeter son ombre néfaste sur les lunes de miel les plus suaves ? Nous ne le croyons pas.

Certes, il est des femmes dont les idées autoritaires ne s'accommodent pas facilement de voir échapper à leur domination, la jeune fille élevée par elles dans une soumission de tous les instants ; mais celles-là sont l'exception, et il faut plutôt voir dans cette sollicitude, un peu indiscrète soit, dont la mère entoure sa fille mariée, une forme encore de l'amour maternel.

Toutes ces recommandations, peut-être exagérées, cette immixtion dans la vie du jeune ménage, n'ont pour la belle-mère qu'un but : rendre sa fille plus heureuse ; et peut-on lui en vouloir beaucoup si parfois son amour l'aveugle et si elle dépasse le but ?

Il est admis et il doit en être ainsi, que le mari a la responsabilité dans son intérieur, il doit être le maître, mais cependant, dans bien des cas, un jeune marié a-t-il l'expérience nécessaire pour accepter une charge aussi lourde et l'intervention, les conseils de la belle-maman, — qui, elle, a passé par là, qui connaît le caractère, les habitudes, le tempérament de l'enfant qu'elle a élevée, — ne devraient-ils pas être acceptés au moins avec déférence ?

Combien de querelles idiotes, de brouilles irrémissibles, de colères, de larmes seraient évitées, si le jeune marié pouvait se dire que l'amour maternel ne cède jamais ses droits, qu'il suit jalousement l'enfant dans toutes les périodes de son existence, qu'il le veut heureux quand même, et que tout ce qui semble mettre obstacle au bonheur rêvé pour l'enfant adoré, devient par cela même l'ennemi qu'il faut combattre !

Et puis il y a chez la Femme, chez la mère qui devient belle-mère, un autre sentiment encore qui explique, dans une certaine mesure, cette antipathie pour le gendre qui se manifeste quelque temps après le mariage.

Certes la mère a consenti avec bonheur à l'union de sa fille avec l'homme qu'elle aime. Elle paraissait si heureuse, la chère petite !

La joie ressentie à la vue du bonheur de sa fille a fait taire pour un instant la voix puissante de l'amour maternel.

Mais bientôt cette loi naturelle reprend tous ses droits ; le premier moment d'exaltation passé, la réflexion naît.

Quoi ! on lui a pris sa fille !... cet inconnu, cet étranger est venu enlever l'enfant qu'on avait toujours si tendrement chérie... et pourquoi donc cela ? de quel droit ?

Il y a dans cet acte, pour certains cœurs de mères, — et ce sont précisément les plus aimants, — comme une sorte d'attentat à leurs droits ; il leur semble qu'elles sont victimes d'un vol, et tout en ayant l'air d'accepter le fait accompli, elles gardent pour le coupable, pour le malheureux gendre, une rancune immé-ritée, mais qui n'en existe pas moins et qui se traduit, selon les caractères et les tempéra-ments, par des manifestations parfois hostiles.

Mais, dans tous les cas, en général, l'amour maternel est le seul coupable et nous récla-mons pour lui l'indulgence la plus entière, dût s'en froisser l'amour-propre ou souvent l'é-goïsme des intéressés.

XX

LE MARIAGE

Par ce mot de mariage, nous entendons parler de l'union des sexes aux point de vue où se placent les moralistes, les sociologues les économistes, c'est-à-dire en le considérant comme le pacte fondamental de la société, la base de la famille.

Or, il y a dans le mariage deux contrats : le contrat naturel et le contrat civil.

Le premier est une conséquence de la différence des sexes et de la loi universelle de la propagation des êtres.

La société civile l'entoure de solennité, mais le contrat civil qu'elle y ajoute ne constitue pas plus le mariage que l'acte de naissance ne constitue la filiation ou l'acte de décès la mort : il n'en est que la preuve.

La religion, à son tour, bénit et décore de ses rites l'union conjugale ; mais la bénédiction religieuse, pas plus que le contrat civil, n'est essentielle au mariage, même religieusement parlant ; elle peut en être séparée et n'intervenir que longtemps après qu'il a été réellement contracté.

Il est donc permis d'envisager le mariage tel qu'il existe à notre époque comme une conséquence d'un état social particulier qui peut varier et entraîner avec lui une conception nouvelle du rapprochement nécessaire des sexes.

Ce que nous voyons du reste de plus uniforme dans les rites auxquels les nations attachèrent la sanction du mariage, ce fut l'usage d'y faire intervenir la religion et d'appeler « Dieu » même à témoin des promesses que se faisaient les époux.

Les premiers mariages avaient été célébrés avant que les familles se fussent réunies pour former des nations, et dans un temps où la religion suppléait à toutes les lois civiles.

L'achat des femmes fut la première formule du mariage. Il remplaça l'état sauvage où l'homme s'emparait de vive force de l'objet de ses désirs.

Ce que l'homme paya d'abord aux parents était le prix d'une chose, car la femme commença par être considérée comme un objet de volupté, avant de s'élever, par une émancipation lente et graduelle, au titre de la compagne de l'homme en attendant qu'elle devienne son égale.

Les femmes furent vendues par leurs parents aux maris, en Espagne et en Thessalie, dit Strabon. On trouvait aussi cette coutume dans la Thrace, affirme Héraclide, et, d'après Aristote, elle existait également chez les premières peuplades grecques.

L'achat des femmes se retrouve dans toute l'Asie. Les Babyloniens, les Arméniens, les Syriens, les Chaldéens, les Hébreux n'ont pas eux d'autre forme de mariage. Chez les Assyriens, la vente des filles était une affaire de commerce et d'ordre public.

« Chaque année, dit Hérodote, à un jour fixé, on se réunissait sur la place publique : là, toutes les filles en âge d'être mariées étaient exposées, et un crieur public mettait les plus belles aux enchères, en sorte qu'elles étaient accordées aux plus riches. Les jeunes gens du peuple, à qui la beauté importe moins, prenaient les autres qui, suivant leur laideur, étaient adjugées avec une dot plus ou moins considérable, prélevée sur l'argent qui avait payé les plus belles. »

La coutume d'acheter les femmes existait non seulement parmi les Germains, mais encore chez les Saxons et les Bourguignons. Les lois de ces peuples qui nous sont parvenues le démontrent, et on peut lire dans une ancienne coutume des Saxons que *celui qui doit épouser une femme donnera 300 sols à ses parents.*

L'achat des femmes ne fait aucun doute en ce qui concerne les Francs, et la loi des Allemands exigeait que l'épouse légitime fût achetée par le mari.

On retrouve également ce principe chez les Irlandais, les Norvégiens, les Suédois et les Danois.

En Poméranie et en Bohême, la vente des femmes s'est longtemps conservée.

Dans les législations actuelles des Turcs et des Persans, l'ancienne forme d'achat se retrouve encore, bien que modifiée dans l'existence d'un usage connu sous le nom de *don du matin.*

En Chine, l'achat est la seule forme du mariage ; les fiancailles sont consommées aussitôt que le futur époux a fixé le cadeau qu'il donnera à sa fiancée, et ce prix n'est nullement symbolique comme il l'était autrefois à Rome.

C'est à l'introduction du christianisme que l'on doit en grande partie l'abolition de cet usage. En donnant au mariage la nature du sacrement, il fit disparaître l'ancienne forme du contrat achat, mais le *douaire*, que les capitulaires, les conciles et toutes les lois des nations modernes ont considéré comme un des points les plus essentiels du régime des biens entre les époux, est né de l'ancien prix de l'achat et du *don du matin.*

Dans son *Système du Monde*, l'illustre Laplace a émis cette observation, hélas ! trop juste :

« Les idées les plus simples sont presque toujours celles qui s'offrent les dernières à l'esprit humain. »

Lorsque la force est le seul droit qui règne, lorsque la gloire acquise par la guerre est la seule qui paraisse enviable et qui soit enviée, lorsque l'homme est libre et que la femme est captive, lorsqu'enfin l'homme est tout et que la femme n'est rien, il découle naturellement de soi-même que l'ordre social ait pour base la paternité, et que ce soit le nom du père qui se transmette à l'enfant.

Mais lorsque le droit sera la seule force qui régnera, lorsque la paix aura définitivement remplacé la guerre, lorsqu'enfin la femme aura pleinement conquis l'égalité, comme elle a déjà, en grande partie du moins, conquis la liberté, il découlera de soi-même que l'ordre social ait pour base la maternité, et que ce soit le nom de la mère qui se transmette à l'enfant.

La paternité n'est qu'une probabilité, la maternité est une certitude !

Mais comme l'état social auquel nous faisons allusion ici est encore bien loin d'entrer dans les mœurs, nous ne nous occuperons que du mariage moderne, tel que l'ont fait les lois actuelles et les conventions admises.

Si de nos jours le père de famille n'est plus le *pater familias* de l'ancienne Rome, s'il a vu son autorité personnelle décroître de nt l'intrusion progressive d'une réglementation commune, il n'en reste pas moins légalement le chef de la communauté. La femme n'a dans le mariage que voix consultative, l'homme reste le centre du groupe que forme la famille, et comme la famille ne tient à la société que par son chef, c'est l'état de ce chef qui règle celui de la famille entière, et c'est principalement son influence qui se reflète sur la société en miniature dont il est la tête.

Or, la société n'est autre chose que l'agglomération des familles : d'où la conclusion s'impose que plus sera élevé le niveau moral des chefs de communauté, plus le niveau social s'élèvera. Cette mission si délicate et si haute de contribuer à la marche progressive de l'humanité, l'homme en s'attribuant par le mariage l'autorité sans conteste, se l'est dévolue, à l'exclusion de la femme.

Celle-ci est encore maintenue dans une sorte de tutelle, et dans l'état actuel il est bon qu'il en soit ainsi, car l'éducation qu'on lui donne, peut-être à dessein, la laisse encore dans un état d'infériorité qui la met dans l'impossibilité d'exercer la part de direction à laquelle elle a droit,

« L'éducation que reçoit la femme, a écrit Eugène Pelletan, ne consiste pas précisément dans le plus ou moins de connaissances qu'elle peut donner à son esprit, pour la vocation sévère de la maternité. Elle consiste principalement dans je ne sais quel noviciat de la séduction, dans l'art de la musique, de la danse, du chant, du dessin, dans tout ce qui peut poétiser, charmer, parfumer et, en conséquence, abréger la distance qui la sépare du mariage. »

Cette éducation consiste surtout à apprendre à la jeune fille à tenter un fiancé. On dirait que son contrat, une fois signé, et son voile blanc plié dans son armoire, sa destinée est épuisée, sa vie finie.

Son éducation lui est inutile désormais elle n'a plus qu'à congédier cette âme d'emprunt qu'elle avait prise, comme une amie de jeunesse, uniquement pour l'accompagner jusqu'à la mairie.

Devrait-il en être ainsi ?

L'homme et la femme unis constituent l'humanité; celle-ci n'existe que par leur union. Mais ils ont été créés deux et différents pour deux œuvres différentes également importantes, et ils ont reçu des aptitudes diverses comme les formes de leur organisme.

Aptitudes et non facultés ainsi qu'on le répète trop souvent.

L'homme n'a pas une faculté que la femme ne possède elle-même en principe.

La raison, l'imagination, la mémoire, la volonté, elle a tout cela comme l'homme, et peut-être même à un degré supérieur.

La femme est physiquement et moralement, destinée à exercer un autre ordre de fonctions que l'homme dans la famille.

L'homme actif, robuste, agit au dehors, travaille au soleil. La femme délicate, aimante, élève l'enfant, administre la maison.

Est-ce que ces rôles n'ont pas exactement la même importance au point de vue social? Est-ce que ce travail-ci n'exige pas, autant que ce travail-là, l'intervention de l'intelligence et par conséquent sa culture ?

Dans les classes laborieuses, la femme souffre moins de cette inégalité dans l'éducation; là les intelligences de l'homme et de la femme sont en quelque sorte équilibrées entre elles par l'ignorance; et l'épouse, dans bien des cas, si elle n'a pas les mêmes droits que l'époux au point de vue légal, a cependant dans son intérieur sa part d'autorité.

Dans les classes affranchies, il n'en est pas de même. La jeune fille du monde, celle qui doit plus tard avoir la charge d'élever de futurs dirigeants, est, vis-à-vis de l'homme, dans un état d'infériorité absolu au point de vue intellectuel.

Il est bien entendu que nous ne faisons que des généralités. Nous admettons même qu'un progrès réel a été accompli depuis quelques années dans cet ordre d'idées.

La femme cependant a conscience de sa valeur, et elle souffre de l'état de sujétion dans laquelle elle est tenue.

Si elle n'essaye pas de réagir ouvertement, elle cherche néanmoins dans la mesure de ses moyens, à prendre dans l'humanité la place à laquelle elle se sait des droits, et elle emploie pour cela, au lieu de la force brutale qui lui manque, des armes autrement dangereuses : la ruse et la dissimulation.

La femme est un être d'amour ; elle a au suprême degré toutes les facultés affectives, elle ne demande qu'à les appliquer mais le peut-elle ? Peut-elle aimer réellement celui qui la tient dans une servitude à peine déguisée ?

Notre ennemi, c'est notre maître, a dit La

Fontaine, et qu'est l'homme, qu'est le mari pour la femme, sinon un maître et quelquefois un tyran insupportable, à qui la loi fait une obligation d'obéir ?

Jusqu'au jour où l'égalité d'éducation sera complète entre les sexes, le mariage tel qu'il existe sera une anomalie.

N'est-ce pas en quelque sorte une monstruosité que cette loi qui a la prétention de lier l'un à l'autre deux êtres si absolument dissemblables au point de vue de l'éducation et de l'instruction ? Nous avouons même implicitement cette duplicité dont la femme seule est victime ; car partout, dans le roman, au théâtre, devant les tribunaux même, le mari trompé est toujours barbare ou ridicule, quand il émet la prétention de faire valoir les prétendus droits que lui confère la loi, et voilà la seule raison qui nous fait sourire alors que nous devrions, en bonne logique, nous indigner, lorsque nous surprenons le mystère de quelque ménage à trois.

Nous avons consacré par le mariage le droit qu'à la femme de se venger à sa façon du déni de justice dont elle souffre.

Le véritable amour, celui qui repose sur une estime réciproque, ne saurait donc exister, réel et absolu, dans le mariage.

Les unions qui semblent heureuses sont

celles dans lesquelles la femme *se résigne* et donne ainsi l'illusion qu'elle accepte sans contrainte un état de choses dont, au fond d'elle-même, elle reconnaît pourtant la suprême injustice.

Nous venons de dire tout à l'heure que la femme, se voyant placée systématiquement par l'homme dans une situation inférieure, emploie pour se venger et se défendre les armes qu'elle a à sa disposition : la beauté et la ruse.

De là cette dualité, cet antagonisme latent qui règne entre les sexes, et si l'homme n'était pas aveuglé par l'orgueil, il devrait reconnaître que la victoire n'a pas toujours été de son côté.

Les belles et les coquettes ont fait naître dans tous les siècles tant de folles passions, tant de troubles, de divisions et de guerres, que les génies superficiels, sans faire grâce au véritable amour, à l'Amour fondé sur l'estime, l'ont condamné sur l'étiquette comme une faiblesse impardonnable de la part de l'homme.

L'amour fut proscrit des mariages et relégué dans les romans. Et si quelqu'un, soit par faiblesse ou par goût, s'était laissé enflammer, il devait au moins, de crainte de scandale, s'en cacher de son mieux, ne faire en public à son épouse que des politesses froides, et où il se trouverait d'autres femmes, les fêter toutes plus que la sienne : le tout à peine d'encourager le blâme et les brocards du beau monde.

Et attendu que le parti des époux mal assortis, de beaucoup le plus nombreux, est celui qui donne le ton, ce règlement, conforme à leur système, a été scrupuleusement maintenu, et les choses sont encore aujourd'hui sur ce pied.

Cependant, tel qu'il existe, le mariage est pour la femme le seul état qui lui permette de vivre.

La société telle qu'elle est constituée la rendant incapable d'assurer son avenir, il faut qu'elle l'attende de l'homme.

Les femmes n'ont donc pas d'autre objectif, d'autre but que le mariage, et ce but, comme il faut le toucher à ce prix, elles sont condamnées à se servir des moyens qui y mènent le plus vite.

Mais toutes ne peuvent réussir. Le triomphe des unes est la défaite des autres. De ces luttes perpétuelles sortent la haine, la fausseté, l'emportement, enfin une multitude de défauts qui tranchent avec les qualités naturelles des femmes et les exposent à des contradictions toujours renaissantes, et dont parfois elles s'étonnent les premières.

Peu d'hommes recherchent les femmes par un instinct de bonheur ; le plus grand nombre exige bien moins.

Dans cette vue, l'homme aiguillonne chez la femme le désir de plaire, et bientôt un combat s'établit, chez celle-ci, entre son esprit et son cœur.

La vanité et l'amour sont aux prises : faibles comme elles sont, les femmes versent tantôt d'un côté tantôt de l'autre, et la société, toujours si attentive à leur égard, profite de ces variations pour les juger sans appel.

Ah ! c'est bientôt dit : l'éternelle énigme ! l'éternel problème féminin !... le sphinx ! ces appellations que de prétendus psychologues prodiguent à la femme dans leurs études d'état d'âme !

Mais pourquoi est-elle ainsi ? Pourquoi lui est-il toujours si difficile de s'expliquer elle-même ? Simplement parce qu'on la lance dans la vie avec le cerveau bourré d'idées fausses sur ceci, sur cela, sur tout en général, parce qu'on l'oblige à marcher à tâtons dans une société semée de pièges à son intention.

De là ses erreurs, ses actes, où tout la stupéfie, où tout est surprise, où rien ne s'explique...

XXI

COMMENT ON SE MARIE

Notre société, telle qu'elle est organisée, rend le mariage absolument nécessaire malgré toutes les imperfections que présente cette institution.

Plus que jamais le *væ soli* est exact et c'est tant pis pour celui qui préfère le célibat au mariage légitime ou même au concubinage discret. Le fait seul de ne pas se conformer à la règle commune le place pour ainsi dire en état de rébellion contre l'opinion, et l'opinion ne pardonne pas à qui s'insurge contre ses errements.

Il faut donc, à celui que des raisons particulières empêchent de se lier par un engagement officiel ou simplement privé, un certain courage, car il se place au dehors de la société, et il doit accepter toutes les conséquences de son acte.

Le monde ne s'inquiète pas des mobiles qui font agir le célibataire endurci ; on ne voit en lui qu'un égoïste et on est pas éloigné de lui prêter les pires vices.

Si pourtant cet homme est un penseur, s'il a reconnu par le raisonnement et l'observation que l'Amour est une utopie et le mariage une aberration, doit-il donc, pour sacrifier à d'ineptes conventions, faire son propre malheur et consommer en même temps le malheur d'une femme en jouant auprès d'elle la comédie de l'Amour ? N'est-il pas plus honnête que tous ceux qui ne voient dans le mariage que leur intérêt personnel, ou qui n'accomplissent cet acte si grave que pour se conformer à l'usage, sans se préoccuper des suites qu'il peut avoir pour celle qui consent à s'associer à leur existence ?

Pour peu que l'on réfléchisse sérieusement sur le mariage, on arrive à acquérir la conviction que la tranquille association de deux existences est un fait impossible *dans sa continuité*.

Un homme apporte à la communauté sa force, sa domination, sa gravité, son caractère anguleux ; une femme y place sa faiblesse, sa légèreté, sa soumission, ses caprices enfantins, son caractère arrondi. Ces éléments opposés ne peuvent faire un tout viable ; au premier

LES PREMIERS MARIAGES

pas, il y a choc, violente secousse, antagonisme, perturbation.

Il faudrait, pour que le mariage remplît son but, que les unions ne puissent se contracter qu'entre des partis présentant entre elles un parfait accord de tempérament, de caractère et de goûts.

Les mariages peuvent se diviser en trois grandes classes bien distinctes : les mariages d'intérêt, les mariages de raison, et enfin les mariages d'amour.

Dans aucun de ces états, les conditions nécessaires pour faire du mariage la communion entière de deux êtres ne sont observées, et cependant, dans l'un comme dans l'autre, les époux peuvent trouver le bonheur, mais alors c'est que le hasard s'en est mêlé.

§ I

Le mariage d'intérêt.

Nous plaçons cette forme d'union en première ligne, car c'est évidemment celle qui est la plus répandue.

Considérons-la d'abord au point de vue de l'homme.

De nos jours, pour l'homme, le mariage est

surtout une question d'intérêt ; on peut même,
sans crainte de se tromper beaucoup, affirmer
que c'est la règle.

Dans les hautes classes, on chasse aux mil-
lions, dans la classe moyenne aux billets de
mille, et il n'est pas jusqu'aux travailleurs qui
ne guignent le petit pécule amassé par la do-
mestique, par l'ouvrière.

Les nécessités de la vie sont telles aujour-
d'hui qu'elles rendent en quelque sorte excu-
sables ces préoccupations.

Non seulement le *struggle for life* règne en
maître et nécessite de plus en plus ce nerf de
la guerre qui est l'argent, mais encore, à chaque
pas en avant que fait le progrès, naissent des
besoins nouveaux qu'il faut à tout prix satisfaire.

Le fils de famille qui a dissipé ou fortement
ébréché son patrimoine voit dans un mariage
avec quelque riche héritière un moyen de reprendre son rang dans la société ou sa place
dans le monde où l'on s'amuse ; le noble ruiné
caresse l'idée de battre monnaie avec son titre.

Le financier escompte d'avance le capital
d'une dot pour lancer une affaire ou un coup
de bourse ; le fabricant, l'industriel, trouvent
dans un riche mariage le moyen de donner plus
d'extension à leur industrie ; le petit commer-
çant, le boutiquier dont les affaires périclitent

se raccroche à l'espoir d'une union qui le sauvera de la faillite ; l'employé compte sur une dot pour s'établir à son tour.

A tous les degrés de l'échelle sociale, on retrouve cette préoccupation qui domine toutes les autres, l'attirance de l'argent, le besoin d'augmenter sa fortune, le désir immodéré d'y arriver par n'importe quel procédé, et le mariage se présente tout naturellement comme l'un des moyens les plus sûrs et les moins risqués.

Nous disions plus haut que la classe ouvrière elle-même n'est pas exempte de cette propension à ne voir dans le mariage qu'un moyen d'améliorer une situation ; mais comme généralement la femme exige aussi, en apportant sa dot, une compensation quelconque, certaine ou entrevue, il en résulte que les unions ne s'effectuent qu'entre des individus appartenant à des classes équivalentes, et que l'ouvrier n'a guère en perspective que le mariage avec une ouvrière comme lui.

Aussi les mariages d'intérêt, dans cette catégorie sociale, sont-ils beaucoup plus rares que dans les autres.

On fait contre fortune bon cœur et on se résigne au mariage d'inclination, unissant souvent deux misères.

Est-il admissible que les unions contractées

avec l'intérêt seul pour mobile puissent être heureuses ? Evidemment non, et si quelques exceptions se produisent, elle ne font que confirmer la règle.

Ah ! si l'on pouvait savoir, si l'on pouvait pénétrer dans les secrets de la pensée, comme l'on reculerait, effrayé, devant le sombre désespoir qui se cache souvent sous le sourire de ces époux qui passent avec toutes les apparences extérieures du bonheur.

Elle sourit, cette jeune femme dont le mari passe ses nuits au cercle ; elle sourit encore, celle-là qui se voit délaissée pour des chiffres ; cette autre aussi, elle sourit, devant qui un mari impudent a cyniquement levé le masque et lui a brutalement avoué qu'il ne se souciait, en l'épousant, que de sa dot.

Longtemps elle lutte, la malheureuse épouse ; sa vanité l'empêche d'avouer la vérité, et puis, tout d'un coup, on apprend que le ménage X... est détraqué.

Et l'on s'étonne : des gens qui avaient l'air si heureux !

Ils n'en avaient que l'air, hélas !

Dans le mariage, il ne suffit pas que l'un des époux seulement soit heureux, il faut qu'ils le soient tous les deux également, qu'ils le soient l'un par l'autre, et c'est ce qui rend les unions parfaites si rares et si difficiles.

Demandez au petit Trois-Etoiles ou bien au gros Ygrec qui viennent de se marier, ce qu'ils pensent du mariage ? Il y a beaucoup de chance pour qu'ils vous répondent qu'ils sont très heureux, et ils le sont en effet ; mais ils oublient, ou plutôt ils ne voient pas, dans leur égoïsme inconscient, que leur bonheur n'est fait que du malheur de leur femme.

Pour le monde, pour son propre orgueil, elle cache ce qu'elle souffre, la mal mariée, jusqu'au jour où, à bout de force, elle se révolte enfin, au grand étonnement souvent du mari qui ne comprend rien aux revendications de cette femme et à ses plaintes. Puisqu'il ne se plaint pas, lui, tout n'est-il pas pour le mieux ?

Il en est qui se livrent à tous les excès, qui deviennent odieux, même aux regards des hommes. Comment ne le seraient-ils pas à ceux d'une femme délicate et sensible ?

D'autres se procurent tout les plaisirs sans les faire partager à celle qui partage et adoucit leurs peines. Il y en a qui sont constamment dans la dissipation et qui veulent forcer leur épouse à rester esclave dans leur maison.

Et comment s'accomplissent ces mariages d'intérêt ?

Un jour la jeune fille voit arriver dans la maison paternelle un inconnu à qui ses parents font fête. On lui présente le visiteur. C'est monsieur un tel, dont elle n'a jamais entendu parler, mais qu'elle doit épouser le mois suivant.

Si le cœur de la jeune fille n'a pas encore battu, si elle n'a pas encore rencontré l'homme entrevu dans le vague de ses rêveries, il y a beaucoup de chance pour qu'elle accepte sans résistance l'union qui se présente si opinément.

Elle sait qu'il faut se marier, mais elle ne sait rien du mariage, si ce n'est qu'on l'appellera « Madame », et qu'on ne la fera plus sortir du salon quand le commandant annonce qu'il va raconter une histoire.

Si elle aime, elle se défend un peu, mais comment lutter contre l'autorité paternelle ? Bientôt elle se lasse, elle se résigne, et le mariage à lieu.

Les suites de telles unions sont faciles à prévoir.

Si encore elles avaient été précédées d'un semblant de cour de la part de l'homme, s'il avait joué la comédie de l'amour et obtenu de la jeune fille son consentement direct, celle-ci pourrait peut-être avoir quelque reproche à s'adresser.

Mais non : généralement ce sont des amis qui ont fait les démarches préliminaires.

On les avait chargés d'étudier la situation.

Une fois la place dûment reconnue, un lent travail d'approche commence pour l'assiégeant.

La jeune fille ? Il ne s'en préoccupe pas le moins du monde. Ce sont les parents qu'il vise, c'est d'abord à eux qu'il faut plaire.

On se montre plein de délicates attentions pour la mère, plein de condescendance pour le père, on va même jusqu'à la flatterie la plus cynique, pour conquérir leur appui.

Et c'est seulement alors que se produit la demande, quand ce ne sont pas les parents eux-mêmes qui vont au-devant des avances, enchantés de donner leur fille à un homme charmant, sans parfois se douter de ce qui se cache derrière ces dehors séduisants.

Les mariages d'intérêt sont en général conclus par l'entremise des marieurs et des marieuses. Dans toutes les classes sociales, on retrouve cette catégorie de gens qui se sont créé une spécialité : celle de marier les autres ; quelques-uns le font dans un espoir de lucre, mais le plus grand nombre par pur dilettantisme.

Il semble qu'une mission leur ait été confiée, et qu'elles accomplissent un sacerdoce.

Elles ont des règles invariables dont elles ne s'écartent jamais, et elles ne visent le plus souvent qu'à équilibrer des fortunes, laissant au second plan les personnes.

Que leur importe la jeune fille! Elles ont besoin de sa dot pour le jeune homme dont elles s'occupent; et la réciproque est également vraie, la personnalité du jeune homme leur est indifférente s'il occupe la situation qu'elles rêvent pour la jeune fille qu'elles veulent marier.

Ces unions par intermédiaires sont encore plus néfastes.

Si quelquefois le hasard permet que des mariages d'intérêt aient une autre issue heureuse, s'il arrive que les caractères sympathisent, après s'être au moins pressentis, il est fort rare que réussisse une union contractée sans même que les parties en cause se soient quelquefois jamais vues.

On ne saurait mieux comparer la marieuse qu'à une cuisinière inexpérimentée mêlant dans un ragoût les éléments les plus hétérogènes, le lapin au poisson, avec la prétention de faire trouver l'ensemble délicieux.

Certes, il s'est rencontré à toutes les époques le type de la marieuse, mais autrefois c'était la question d'intérêt qui était secondaire, et il s'agissait avant tout d'unir les cœurs.

Quelle différence avec ce qui se passe de nos jours! Certains salons sont devenus en quelque sorte des agences, où le jeune homme en quête d'une dot, travaille tout d'abord à se faire présenter, sachant bien qu'il trouvera là, par l'intermédiaire parfois désintéressé mais le plus souvent onéreux, de la maîtresse de maison, un lot de jeunes filles riches parmi lesquelles il pourra faire un choix.

Le prêtre aussi joue un grand rôle dans les mariages d'intérêt. Sa situation lui donne accès dans les familles, et comment résister à l'ancien élève, au bon petit jeune homme, chaudement recommandé, qui voudrait s'établir ?

Et l'ancien précepteur, le directeur de la maman, se met en campagne, et il est rare qu'il ne parvienne pas à dénicher quelque part la dot convoitée.

Il est bien évident que par un tel intermédiaire la question du cœur ne saurait être mise en jeu. Son caractère sacerdotal lui interdit même de voir dans le mariage autre chose qu'une union conforme aux lois de l'Église et de la morale courante, et il s'inquiète fort peu de ce qui se passera plus tard entre les deux êtres qu'il a unis. Ils sont mariés, tout est là !

C'est ainsi depuis que la vie à outrance a tué l'amour, que se sont épanouies ces nombreuses agences, les unes quasi officielles, les autres interlopes, qui se sont créé la spécialité des mariages d'intérêt. Cette industrie répondait à un besoin et elle va chaque jour en florissant, semant la société d'unions hâtives, disparates et forcément malheureuses.

Ce métier d'entremetteuse ne s'exerça d'abord que d'une façon presque clandestine ; il s'attachait à cette profession une certaine suspicion comme celle qui frappe l'usurier, par exemple.

Mais, devant le flot montant de la clientèle, les directeurs et les directrices de ces singuliers bureaux de placement levèrent la tête et se décidèrent à agir au grand jour. Ce qui n'était qu'une tolérance au début entra si bien dans les mœurs que l'on considère comme absolument normal le fonctionnement de cette bizarre industrie.

Mais, en vertu de ce principe que l'exploitation des passions mauvaises est toujours fructueuses, on vit bientôt s'ériger, à côté de certaines agences relativement honnêtes, des maisons similaires, dont le seul but était de rançonner sans pitié les gens assez dépourvus de sens moral pour demander leur appui dans la chasse à la dot.

Nous ne voulons pas rappeler les trop fréquents scandales qui ont révélé l'existence de ces sentines interlopes où se sont fourvoyés parfois des naïfs, mais aussi où souvent des cyniques se sont trouvés en présence de plus cyniques qu'eux-mêmes.

Du reste, un nouveau mode de relations tend

à remplacer les intermédiaires. Ce sont ces annonces matrimoniales qui, de jour en jour plus nombreuses, encombrent la quatrième page de certains journaux ; et il y a là un symptôme affligeant, car il démontre clairement que la femme de nos jours a pris son parti de sa situation et qu'elle accepte ce honteux marchandage, quand ce n'est pas elle-même qui s'offre en vente.

Les agences, — nous parlons de celles où les choses se passent d'une façon relativement honnêtes, — ont du moins cet avantage de sauvegarder les apparences ; elles agissent ordinairement avec une certaine discrétion et se tiennent prudemment dans la coulisse ; une jeune fille recherchée en mariage par leur intermédiaire peut encore conserver l'illusion que c'est pour elle-même qu'elle est demandée.

Mais l'annonce cynique et brutale ne laisse pas la moindre place au doute.

Il n'y a là qu'une opération commerciale, une sorte de maquignonnage où les parties essaient de se tromper mutuellement sur leur valeur respective.

On est stupéfié, parfois, de l'audace frisant la conscience qui préside à la rédaction de certaines de ces annonces.

Que penser du : *Jeune homme titré, revers de fortune, épouserait jeune fille avec dot.*

Et d'autres vont plus loin encore, ils ajoutent sans vergogne à cette offre : *même ayant tache*.

Mais, si souvent, comme contre-partie, les chasseurs de dot se trouvent mystifiés par quelque *Orpheline, 800,000 francs et espérances*, il se rencontre malheureusement des parents assez aveugles pour sacrifier le bonheur de leur fille à la merveilleuse perspective d'un titre ronflant qui n'est souvent qu'apocryphe.

Il est juste d'ajouter que, parmi ces annonces alléchantes, bon nombre sont l'œuvre de joyeux fumistes, mais il n'en est pas moins certain que ces procédés à l'américaine, qui tendent à s'implanter de plus en plus dans nos mœurs, ne pourront que hâter à bref délai la disparition complète du mariage légal.

L'union des sexes deviendra une simple association d'intérêts, une sorte de maison de commerce sous une raison sociale, et ce ne sera plus aux portes des mairies que se liront les publications de mariage, mais dans les *Petites Affiches*.

Mais ce n'est pas l'homme seul qui détient le monopole des mariages d'intérêt. La femme aussi y est poussée par différents mobiles.

Eliminons d'abord le cas de la femme veuve ou orpheline, restée à la tête d'une industrie ou d'un commerce qui risquerait de péricliter dans ses mains, et qui se marie pour trouver un appui et un conseil. Celle-là, elle est excusable, puisque nos lois sont si dures et nos conventions si féroces.

Mais il en est d'autres.

La déclassée, d'abord, la fiile d'officier, de petit bourgeois, de modeste fonctionnaire, élevée dans des conditions souvent au-dessus des ressources de sa famille, contractant près de camarades plus riches des goûts de luxe et de dépense.

Qu'a-t-elle appris quand elle quitte le couvent ou la pension ?

Elle a appris surtout que sa beauté mérite des hommages, que le bonheur est dans le luxe, que la fortune donne tout, considérations et bien-être, et que, par conséquent, il faut acquérir la fortune.

Le seul moyen pour elle d'y parvenir, c'est le mariage.

Trouver un mari qui soit à même de lui donner le genre de bonheur qu'elle a rêvé, qu'elle envie : voilà désormais le seul but de ses efforts.

La femme qui veut conclure un mariage d'intérêt a bien rarement recours aux intermédiaires. Elle se rend très bien compte de ce que ce genre d'union a de répugnant, et une certaine pudeur la retient. La clientèle des marieuses est plutôt masculine.

La femme, du reste, a beaucoup plus de confiance dans ses propres moyens que dans une intervention étrangère. Elle connaît la puissance de ses charmes et toute la question se résout pour elle à découvrir l'homme remplissant les conditions qu'elle exige, bien certaine qu'une fois en présence il n'échappera pas à ses séductions intéressées.

Son désir de parvenir à la fortune augmente encore son intelligence, son génie de l'intrigue ; son habileté native dans l'art de faire valoir ses charmes se double de toute la vivacité de son désir de plaire.

Elle entre donc en campagne, souvent aidée par la complicité tacite de ses parents qui parfois se repentent, mais trop tard, d'avoir, dans un sentiment d'orgueil, placé leur enfant dans une situation au-dessus de sa position, mais obligés pourtant d'aller jusqu'au bout, et de réparer par une faute plus grande encore la première erreur commise.

La gêne est dans la maison ? tant pis, on se serre le ventre ; ne faut-il pas à la fille des armes pour la lutte ? Ne faut-il pas la produire dans certains milieux, recevoir soi-même, nouer des relations pour découvrir le *rara avis* dont la fortune sert de pivot à toute cette dépense de mouvement et de diplomatie.

Et qu'elle vienne à le découvrir, le mortel idéal tant rêvé.

L'homme riche « épousable », qu'il soit jeune ou vieux, beau ou laid : autour de lui va commencer un siège en règle, mené avec cette habileté que possède la femme, et il se trouve bientôt enveloppé à son insu dans un réseau en apparence fragile, tissé par les charmes et la grâce savante, mais qu'il ne peut plus rompre.

Comme elle sait, la jeune fille dont nous parlons ici, faire naître le désir, comme ses coquetteries se dissimulent avec habileté derrière une feinte candeur! Avec quelle ingéniosité elle sait tout promettre, tout en paraissant tout refuser, et il faudrait à l'homme ainsi circonvenu une force de volonté, un don d'observation extraordinaires pour pouvoir lutter à armes égales contre la séduction dont il est l'objet.

Il faut à tout prix, pour la jeune fille, déterminer l'amour ; elle sait d'intuition ou même parfois par expérience, que l'amour ne raisonne pas, n'examine pas et aplanit les différences de position. L'amour sera donc son plus puissant auxiliaire, et elle n'épargne rien pour le provoquer. Elle ira, au besoin, jusqu'à la plus extrême limite de la pudeur et des convenances provocantes et affolantes,

squ'au moment où, vaincu, elle verra à ses
eds, tendant le cou au joug, l'homme qu'elle
séduit.

Il est bien rare qu'elles échouent, car elles
anœuvrent avec une rouerie diabolique ; et
pendant, pour la plupart, ces jeunes filles
ont aucune expérience de la vie, mais elles
nt douées de cet instinct spécial à leur sexe
i leur donne sur l'homme, même sur
omme supérieur, une incontestable supério-
é.

Du reste, elles savent fort bien à qui elles
dressent, et il ne leur faut pas longtemps
ur découvrir le degré de vulnérabilité de
omme qu'elles visent. Aussi est-il fort rare
elles s'exposent à des impairs et qu'elles
rdent leur temps en savantes avances.

Comme elles riraient, ces jeunes filles, en
ant ces pages de Balzac :

« Je suis allé un peu dans le monde l'hiver
rnier, écrit le grand romancier, et j'ai re-
rqué dans les habitudes des jeunes filles des
angements qui ne m'ont pas paru heureux, à
aucoup près.

« Autrefois au bal, les jeunes filles étaient
tes vêtues d'étoffes blanches, fraîches, lé-
es et flottantes, qui correspondaient mer-
lleusement aux idées d'innocence, de virgi-
é et de chasteté : cela faisait penser à des

anges enveloppés dans leurs ailes. Elles n'avaient que des fleurs dans leurs cheveux, et point de bijoux.

« Aujourd'hui elles portent des robes magnifiques, d'étoffes très riches et très chères, et ces robes ne doivent pas paraître beaucoup de fois dans un hiver.

« On rehausse encore tant d'éclat par de gros bijoux et des pierreries. Ces robes blanches n'étaient variées que par des ceintures roses, blanches, bleues, lilas, etc.; tout le luxe de ces parures consistait en fraîcheur; une robe et des rubans ne devaient pas être plus froissés que ne le sont les ailes d'un papillon qui sort de sa chrysalide. Cela ne disait pas qu'une jeune fille était riche, mais cela faisait penser qu'elle était propre, soigneuse, jeune, pudique, innocente.

« Mais aujourd'hui, les toilettes magnifiques, variées et, pour ces deux raisons, ruineuses, mêlent d'autres idées aux idées riantes et poétiques qu'inspire la vie d'une jeune fille : on calcule involontairement le total des dépenses faites en robes pendant un hiver, et on se demande si on est assez riche pour épouser une fille dont la beauté est d'un si coûteux entretien.

« Beaucoup de filles gardent plus longtemps qu'elles ne le voudraient ce titre respectable, à cause de cet appareil dont elles croient leurs charmes fort accrus et qui n'a pour résultat que d'en détruire la puissance sur le plus grand nombre des épouseurs. »

Cela était peut-être vrai du temps de Balzac, mais aujourd'hui la jeune fille qui cherche à faire un mariage d'intérêt tient tout d'abord à faire illusion sur sa véritable situation de fortune et, en ou're, elle sait fort bien le fond qu'il faut faire sur la vanité de l'homme, laquelle dépasse, dans la plupart des cas, ses idées en matière d'économie.

Il y a cent à parier contre un que, dans un salon, entre une jeune fille en simple robe blanche avec une fleur dans les cheveux pour toute parure et une autre parée comme une déesse, les hommages iront de suite à cette dernière ; oh ! peut-être dans un but qui n'est pas le mariage, mais il n'en est pas moins certain que si la demoiselle est habile, et elle l'est, elle aura plus de facilité que sa compagne d'amener dans ses filets un de ses admirateurs et, par suite, de se faire épouser.

Mais les tristes mariages que ceux-là ! Car il arrive ceci, qui peut sembler singulier et qui est cependant fort exact, c'est que la femme pauvre, qui est arrivée par son habileté à épouser un homme riche, au lieu d'avoir pour celui-ci, à défaut d'amour, au moins une certaine reconnaissance, n'éprouve le plus souvent pour lui que du mépris : le mépris du financier pour le gogo qu'il dupe, le mépris de la courtisane pour l'homme qui achète ses faveurs.

Il peut se faire que l'homme qui s'est marié, lui, par amour, conserve pendant longtemps cette cécité particulière que donne la passion, mais un jour ses yeux se dessillent, et alors c'est l'enfer !

Il est forcément trompé, le malheureux qui s'est ainsi laissé engluer, car la femme ne l'aime pas, et comme il faut pourtant qu'elle aime, à présent que son avenir est assuré et qu'elle n'a plus d'autres préoccupations, son premier soin est de chercher un amant selon son cœur.

La perspective d'une rupture n'est même pas pour l'effrayer. N'est-elle pas l'épouse légitime, et si elle n'a pu se faire accorder un douaire, elle est néanmoins certaine de pouvoir compter sur la loi pour se faire allouer des subsides ; et, dans tous les cas, elle tire son épingle du jeu et toujours elle sort du mariage plus riche qu'elle n'y est entrée.

La femme qui fait un mariage d'intérêt n'a pas toujours la fortune en vue ; parfois elle est plus riche que celui qu'elle épouse, mais.

elle voulait une satisfaction pour son orgueil.

Au lieu d'une fortune, elle a épousé un titre ou le droit de pénétrer dans un monde qui lui était fermé jusqu'alors.

Les parents, généralement des parvenus, commerçants, industriels, grisés eux-mêmes par le succès, ont inculqués dès l'enfance à leur fille des idées de grandeur qui en ont fait une orgueilleuse.

Les exemples qu'elle a eus sous les yeux ont fait entrer dans son esprit que la fortune permet tout, que tout peut s'acheter : pourquoi ne serait-elle pas, elle aussi, marquise ou duchesse ?

Ses parents n'habitent-ils pas un château, n'ont-ils pas acheté cette ancienne demeure seigneuriale, au fronton de laquelle ne sont pas effacées les armoiries des premiers possesseurs.

Elle veut avoir le droit de faire peindre une couronne sur le panneau de sa voiture, et ce droit elle l'achètera.

Elle veut se retrouver avec ses anciennes amies de pension dans les salons du noble faubourg, elle y parviendra grâce à sa fortune qui va lui permettre d'acheter l'homme qui lui en ouvrira les portes.

Et alors on rompt brusquement avec toutes les anciennes relations ; la famille fait peau neuve, abandonne ses vieux amis et s'oriente dans une autre direction.

Sous le couvert des œuvres de charité qui semblent n'avoir été instituées précisément que dans le but de rapprocher des anciens noms et les fortunes nouvelles, la jeune fille ne tarde pas à rencontrer ce qu'elle cherche : le descendant ruiné de quelque vieille famille, lequel, chose triste à dire mais qu'il faut constater, n'hésite pas un seul instant à vendre son nom pour *redorer son blason,* suivant l'expression consacrée.

Dans ces sortes d'unions, il arrive fréquemment que la jeune fille, qui d'abord n'a cherché dans ce mariage que la satisfaction de son orgueil, finit par s'éprendre d'amour pour son mari.

C'est un jeune homme distingué ; homme du monde parfait, d'une correction absolue, beau cavalier souvent. Mais, hélas ! s'il a consenti à ce qu'il considère néanmoins comme une mésalliance, il en conserve une sourde rancune contre celle qui lui a facilité cet acte que sa conscience lui reproche, et loin d'aimer celle qui porte maintenant son nom, il n'a pour elle qu'un sentiment qui ne va peut-être pas jusqu'au mépris absolu, mais qui jamais ne peut atteindre à l'estime. Donc, pas d'amour.

Et la malheureuse épouse souffre en silence d'une froideur qu'elle ne parvient pas à dissiper.

Le mariage d'intérêt peut être encore guidé chez la femme par un sentiment fort respectable en soi, par l'amour filial, par exemple. Pour sauver ses parents d'une position difficile, elle n'hésite pas à sacrifier son bonheur, car parfois elle aime et impose silence à son cœur, pour se livrer, par un mariage, à un homme qu'elle n'aime pas, mais dont la fortune peut rétablir une position ébranlée. Quelquefois, dans ces sortes d'unions, l'amour peut venir en suite, et de tous les mariages d'intérêt, c'est celui qui laisse à la femme le plus de chance de trouver le bonheur complet. Mais, en principe, il n'en constitue pas moins, comme tous les autres, une sorte de prostitution de la femme.

Quel que soit le mobile qui la fasse agir, la femme qui se donne sans amour ne s'éloigne pas sensiblement de celle qui vend ses charmes au premier passant venu, et l'on ne saurait s'élever avec trop de force contre cette forme de mariage qui sème la société de malheureux, qui est une source toujours alimentée d'adultères, une cause permanente de crimes, et qui a nécessité cette institution du divorce qui annihile en quelque sorte le mariage et le place au même rang que l'union libre que l'on peut toujours rompre.

§ 2.

Le mariage de raison.

Dans ces sortes d'unions qu'on appelle aussi des « mariages de convenance », l'initiative appartient surtout aux parents des futurs époux.

Il résulte bien plutôt d'une entente préalable entre les deux familles que d'une attraction sympathique entre deux jeunes gens.

C'est le mariage le plus fréquent dans la bourgeoisie et le commerce ; mais où il fleurit surtout, c'est en province, dans les petites villes, dans les campagnes où chacun connaît, aussi bien que les siennes propres, les affaires des ses voisins, et où il est plus facile par conséquent d'établir longtemps à l'avance des combinaisons.

La préoccupation qui domine dans ces mariages, c'est surtout l'équivalence des situations.

Le négociant guigne un gendre qui puisse

ON ENSEIGNE SURTOUT AUX JEUNES FILLES A ÊTRE JOLIES

reprendre quelque jour la suite de ses affaires ; tel autre voudrait pour son fils la fille d'un confrère.

Le fermier, le petit propriétaire calcule que le lopin de terre de la petite du voisin viendrait arrondir agréablement ce qu'il laissera lui-même à son fils.

Les familles se connaissent, sont liées parfois par d'amicales relations, on cause de ces projets, on jette les bases de l'union qui viendrait les couronner, et sans même prendre la peine souvent de prévenir ceux qui sont directement intéressés dans la question, on tombe d'accord, escomptant d'avance comme une chose certaine le consentement des futurs époux.

A de rares exceptions près, le jeune homme fait toujours une bonne affaire dans ces sortes de mariage ; aussi ne s'insurge-t-il pas contre la décision des parents ; quant à la jeune fille, élevée dans les principes de l'obéissance passive, ayant beaucoup moins d'occasions que la fille des grandes villes de laisser parler son cœur, retenue d'un autre côté par une éducation plus rigide, elle se prête docilement à ce que l'on attend d'elle.

Elle se marie comme se sont mariés ses parents, comme se marient ses amies : sans amour. Elle accomplit cet acte comme une nécessité obligée de la vie, parce que c'est l'usage.

Peut-être n'aimera-t-elle jamais celui à qui désormais son existence est liée, mais, l'habitude aidant, elle s'accoutume sans souffrance à ce nouvel état, et à moins de circonstances exceptionnelles, elle va jusqu'au bout de sa carrière dans une sorte d'engourdissement moral, subissant passivement les conséquences d'une situation qu'elle n'a pas cherchée, mais qu'elle accepte.

Mais il en est aussi, de ces jeunes filles sacrifiées, de ces provinciales si soumises aux volontés paternelles, chez qui se fait à un moment donné une sorte de réaction, chez qui les yeux s'ouvrent tout à coup devant le gouffre noir de leur vie manquée, chez qui l'Amour, jusqu'alors enseveli dans un repli ignoré du cœur, se dresse brusquement et réclame ses droits.

Mais dans le milieu où elle vit, chaque mot qu'une femme écrit, chaque parole qu'elle s'aventure à dire, la moindre irrégularité dans ses repas, le plus insignifiant oubli dans sa toilette est un événement fâcheux pour sa réputation : on lui pardonne les mérites qui ne brillent pas, mais elle n'est respectable souvent qu'aux dépens de son amour-propre.

C'est l'équilibre si difficile à garder entre la

surveillance dont elles sont l'objet et la passion naïve où elles se trouvent emportées ; c'est ce triste et continuel sacrifice aux illusions les plus pardonnables de leur sexe qui rend les pauvres provinciales si osées dans leurs amours, quand elles se décident, sous la poussée irrésistible de leurs facultés affectives, à rompre la monotonie écœurante de leur existence.

Qui sait combien d'abnégations sublimes de souffrances réprimées et aiguës, mais aussi combien d'impérissables souvenirs d'un bonheur, d'autant plus vif qu'il paraissait défendu, se cachent sous des corsages que n'a pas taillés la bonne faiseuse !

Le mariage de raison entraîne à sa suite l'adultère aussi bien que le mariage d'intérêt. Il arrive un moment où, pour la femme qui n'est pas aimée, la vie intérieure, le ménage, la culture du jardin, la correspondance avec les fermiers, la tenue des livres ou l'entretien des chemises du mari ne suffit plus.

Il faut à son esprit un autre aliment que les nouvelles de la capitale, les cancans de la préfecture, ou les rivalités et les potins de l'endroit.

Et l'on pourrait presque affirmer que c'est dans cette catégorie de femmes que se rencontrent les plus violentes passions, exaltées

par la contrainte à laquelle elles sont assujet-
ties.

Mais ce n'est pas toujours des préoccupations comme celles dont nous venons de parler qui président aux mariages de raison.

Voilà une jeune fille, riche, jolie, ayant tout
pour plaire, et par cela même recherchée
avec empressement. Mais un mauvais sentiment, l'orgueil, étouffe chez elle tous les autres. Elle s'est placée dans son esprit sur un
piédestal si élevé que nul ne lui semble digne
de l'y rejoindre, et peu à peu elle éloigne
d'elle les soupirants que découragent ses attitudes hautaines. Le vide se fait autour de la
belle dédaigneuse. Mais l'âge arrive et l'im-
prudente s'aperçoit un beau jour que sainte
Catherine la menace de son fameux bonnet.
Elle réfléchit alors, quelquefois trop tard ; les
regrets apparaissent plus cuisants de jour en
jour, et que survienne alors un prétendant
inespéré, on l'accueille avec joie : ce n'est
pas l'amour qui parle, c'est la froide raison
qui montre, de son doigt sévère, la route nue
et triste de l'éternel célibat.

Elle oublie son orgueil d'autrefois, la dédaigneuse jeune fille, elle se marie hâtivement ;
l'heure est passée des sélections trop sévères,
elle prend ce qui se présente, trop heureuse

encore, et elle n'a que trop souvent dans cette union de motifs de mortel regret pour sa sévérité d'autrefois.

Le cas se présente aussi pour l'homme.

Il a longtemps attendu une occasion propice, il a même imposé silence à son cœur qui l'attirait vers une jeune fille dont la situation de famille ou de fortune ne répondait pas à son ambition. Ou bien encore, il a voulu épuiser jusqu'à la lie la coupe des plaisirs faciles. Puis l'âge est venu, le front s'est dégarni, quelques rhumatismes se font sentir. Oh ! alors, bien vite, il cherche une femme. Il n'a plus le temps de choisir, il prend la première qui veut bien consentir, et neuf fois sur dix, celui-là aussi en est bientôt aux pires regrets devant sa vie ratée.

Pour être complet, nous devons dire un mot d'une forme spéciale du mariage de raison,

Nous voulons parler du mariage *in extremis*, de cette cérémonie lugubre, qui se réduit à une simple formalité légale et qui a pour but de légitimer une union libre qui durait parfois depuis de longues années, de donner un nom et d'assurer un héritage aux enfants qui en sont nés.

Longtemps ils se sont aimés, ces deux êtres, et jamais la pensée d'une séparation n'avait

hanté leur esprit, mais voilà qu'un accident ou
une cruelle maladie est venu terrasser l'un des
deux amants, le médecin a prononcé un arrêt
de mort, et alors la réflexion surgit, la situation se montre dans toute sa cruelle vérité.
Une femme, des enfants vont se trouver brutalement privés de leur soutien, sans droits, sans
même un nom, et alors, sublime et dernière
preuve d'amour, on se décide à la terrifiante
cérémonie qui enlève au moribond son dernier
espoir, s'il avait pu encore se faire quelque
illusion sur son sort.

On ne peut que s'incliner devant le réel
courage de ceux qui agissent ainsi pour rendre
à ceux qui leur sont chers une place dans la
société.

Mariage de raison encore, mais respectable aussi en raison du mobile qui le dicte,
cette union que contracte une amante avec
l'amant frappé par la justice humaine, condamné à la rélégation, par exemple, pour obtenir plus tard de l'administration le droit d'aller
rejoindre celui qu'elle n'a pas cessé d'aimer
malgré son indignité.

§ 3.

Le mariage d'amour.

Nous commençons par déclarer que nous n'entendons pas parler, sous cette rubrique, de ces unions légales dans lesquelles l'une des deux parties seule apporte son amour.

Nous ne parlerons donc pas de ces mariages contractés dans un moment d'affolement des sens, plutôt que dictés par le cœur, de ces mariages qui conduisent *l'homme surtout* à donner son nom à une femme indigne. De scandaleuses ruptures ont assez souvent signalé les désastreux inconvénients de ces unions.

C'est surtout vers les femmes de théâtre que se portent de préférence les hommages de ces imprudents, qui viennent, comme de fous papillons, se brûler les ailes aux feux de la rampe et qui paient cher souvent un moment d'aberration.

D'autres encore n'hésitent pas à tirer du ruisseau où elle était tombée quelque malheureuse à qui ils prétendent follement refaire une virginité, qui donnent leur nom à une femme qui a bientôt la nostalgie de la boue et qui y retourne.

Nous ne nous occuperons donc ici que du mariage consenti entre deux cœurs qui s'aiment.

Certains mariages d'amour semblent la conséquence toute naturelle et le résultat obligé d'une affection contractée dès l'enfance.

Tout petit, on était voisin, on a été en quelque sorte élevé ensemble, on a partagé les mêmes jeux, on est devenu des camarades ; puis, avec l'âge, insensiblement, cette bonne amitié des premiers jours a fait place à un autre sentiment plus vif. L'amour est venu, sans pour cela amener avec lui ce cortège délicieux de sensations troublantes qui ravissent si délicieusement le cœur qui se sent brusquement envahir par un premier amour. La ligne de démarcation est si faible entre l'ancien sentiment et le nouveau que la transition passe presque inaperçue.

N'a-t-il pas depuis toujours été tacitement convenu que l'on se marierait *quand l'on serait grand* ? Ne s'appelait-t-on pas *mon petit mari, ma petite femme*, à l'époque des jupes courtes et de la première culotte, sous l'œil bienveillant et le sourire indulgent des mamans ?

Point n'est besoin d'officielles fiançailles dans ce cas, et tout naturellement l'ami devient l'époux, et c'est à peine si les baisers d'aujourd'hui diffèrent sensiblement des baisers d'hier.

Un mariage contracté dans ces conditions devrait donc présenter toutes les garanties possibles d'un bonheur durable et complet, et cependant il n'en est pas toujours ainsi. La certitude d'être un jour l'un à l'autre, l'accoutumance en quelque sorte empêche les jeunes gens de se voir sous leur véritable jour, de s'observer ; l'amitié qui les lie ne vient pas le plus souvent de la constatation de qualités réciproques, mais plutôt de la longue habitude de vivre ensemble.

Et il se produit fréquemment ce phénomène singulier qu'au lendemain du mariage, ces deux êtres, qui ont jusqu'alors vécu dans la perspective d'être unis, se trouvent tout surpris et un peu désenchantés de la facilité avec laquelle se sont accomplis leurs prévisions et leurs désirs.

Le mariage, au lieu de faire époque dans leur vie, de marquer une transition nette entre deux périodes, n'est plus qu'une formalité banale dont il leur semble qu'ils auraient pu se passer.

Il se mêle à présent comme une pointe de regret de s'être engagés ainsi. Il n'y a pas eu, semble-t-il, consentement véritable de leur part,

mais plutôt entraînement inconscient, suite
d'une longue habitude, et c'est seulement alors
qu'ils commencent souvent à s'étudier sérieusement l'un et l'autre.

De cet examen un peu tardif, résultent souvent bien des désillusions, et il n'est pas rare
de voir des mariages de ce genre, contractés
pourtant sous les meilleurs auspices, devenir
intolérables pour ceux qu'ils ont liés pour ainsi
dire par surprise.

Ces mariages ne sont donc pas à proprement parler des mariages d'amour.

Mais que deux jeunes gens viennent à se
trouver des relations, attirés l'un vers l'autre
par une première sympathie, qu'après une étude
sérieuse de leurs caractères, de leurs goûts,
l'amitié naisse entre eux, que cette amitié
devienne ensuite de l'amour, qu'ils reconnais-
sent d'un commun accord qu'ils seront heureux
l'un près de l'autre, qu'ils se marient dans cette
condition et en toute connaissance de cause,
il y a beaucoup plus de chance de bonheur
dans cette union que dans la première.

Ce sont là les véritables mariages d'amour,
résultat d'une sélection sérieuse, d'un choix
raisonné, reposant sur une estime mutuelle, et
les époux ainsi unis, ne devant en quelque
sorte leur bonheur qu'à eux-mêmes, en gardent
l'un pour l'autre une reconnaissance qui ajoute

encore à leur amour. Ce ne sont pas les circonstances, ni les parents, ni les étrangers qui les ont jetés aux bras l'un de l'autre ; ils ont été les seuls artisans des joies qu'ils goûtent et cela seul suffirait pour en doubler le prix.

Mais l'Amour a des formes bien complexes ; quelquefois il se manifeste brusquement et simultanément chez deux êtres qui s'ignoraient l'instant d'auparavant. Le hasard d'un bal, d'une rencontre, les a mis en présence et, soudain, ils se sont sentis attirés l'un vers l'autre par une force invincible ; une passion violente les anime et quelquefois un mariage survient entre eux avant que ce beau feu soit éteint.

Certes. dans ce cas, les premiers moments du mariage sont délicieux, mais aussi cette charmante médaille a un revers : *violentum non durat*, dit un proverbe latin, et il est malheureusement trop vrai. A la première fougue succède trop fréquemment la satiété d'abord, puis l'indifférence, et l'indifférence est terrible pour ceux qui sont obligés de vivre de la vie commune. Aussi, il n'est pas rare de voir des unions de ce genre se terminer, à l'étonnement général, par une rupture sans que rien, dans la conduite extérieure des époux, semble donner raison à une telle conclusion.

Ils ont tout simplement épuisé trop vite le fonds de tendresse qui était en eux, ils se sont trompés sur la solidité du sentiment qui les animait, ils sont victimes d'une erreur du cœur : ce qu'ils ont pris pour de l'amour n'était qu'un désir des sens, et une fois ce désir apaisé, ils se sont retrouvés l'un en face de l'autre comme des étrangers, avec ce vague malaise, ce reproche intime de la conscience qui suit généralement quelque débauche à laquelle on s'est laissé entraîner.

Dans la catégorie des mariages d'amour, il convient de classer encore ces unions que contractent des amants qui ont longtemps vécu sous le régime de l'amour libre.

Mais il est fort rare aussi, pour celles-là, que les résultats soient conformes à ce que l'on pouvait en attendre.

Souvent la maîtresse a lieu de se repentir d'avoir préféré le titre d'épouse à celui d'amante, et il semble que le mariage, au lieu de resserrer les liens qui l'unissaient à son amant, ait au contraire diminué l'affection que lui témoignait celui-ci. Elle se sent moins aimée qu'autrefois, et elle-même, insensiblement, sent se refroidir son amour à présent que, pour elle, il est devenu un devoir.

Il est rare que deux amants aient en même temps l'idée de régulariser leur situation. Toujours, c'est l'un des deux qui, pour une raison quelconque, prend l'initiative et propose de faire consacrer légalement l'amour qui les unit. L'autre accepte, mais non sans une arrière-pensée de défiance, et ce sentiment suffit pour amener à bref délai la disparition complète de l'amour d'autrefois.

La conclusion de ce qui précède est donc que les seuls mariages d'amour qui ont quelque chance de durée dans le bonheur sont ceux qui sont contractés sous l'influence d'une mutuelle estime, et qui ont pris naissance tout d'abord dans une solide amitié.

Le mariage est un des actes de la vie qui influe le plus directement sur le bonheur. Chacun s'accorde pour regarder cette affaire comme la plus importante de l'existence. Il ne faut donc pas la traiter à la légère et jouer son avenir sur un coup de dé.

XXII

Bien que nous considérions avant tout le mariage comme une question ressortissant absolument du domaine du cœur, de l'Amour, nous n'avons pas la prétention de nier les bons effets qui résultent souvent dans cette affaire de l'ingérence de la famille.

Les parents ont acquis, et souvent à leurs dépens, une expérience de la vie que ne possèdent pas les jeunes gens. De plus, ils peuvent envisager l'avenir avec plus de sang-froid ; ils ne sont pas, eux, dans cet état de surrexcitation d'emballement, que provoque la passion ; ce sont des conseillers bienveillants, dont il est utile souvent d'écouter les avis ; ce sont des juges impartiaux dont les arrêts peuvent paraître quelquefois sévères, mais qui leur sont dictés par une vision plus nette des choses et des personnes.

Ils sont les gardiens-nés des traditions d'honneur et de probité de la famille, ils ont le devoir de conserver intact le nom qui leur a été transmis à eux-mêmes par les ancêtres. Ils ont charge d'âme vis-à-vis la société et l'on ne saurait les blâmer trop d'émettre la prétention de guider leurs enfants, aussi bien dans cet acte si important qu'est le mariage que dans les autres actes de la vie.

Mais il est bien entendu que cette ingérence ne doit avoir rien d'absolu, et nous disons même plus, cette ingérence n'a aucune raison d'être en présence d'un amour partagé, bien et dûment constaté.

En Amour, l'expérience est inutile. Celui qui aime a une manière de voir qui lui est spéciale et que ne peuvent partager ceux qui ne sentent pas ce qu'il éprouve lui-même.

On prétend que l'Amour est aveugle ; non, mais il montre les choses au travers d'un prisme particulier, il les transforme, il les poétise, il les divinise en quelque sorte, et aucune influence ne peut prétendre à modifier cette vision particulière.

Qu'arrive-t-il cependant ? C'est que les parents, vis-à-vis de leurs filles surtout, entendent conserver l'intégralité de leur autorité, même sur la pensée, même sur le cœur de l'enfant. Aussi, combien de catastrophes,

scandales ou suicides, résultat d'amours con-
trariées, pourraient être évitées si les parents
s'étaient préparés de longue date et avaient
préparé leurs enfants à cette alternative certaine : la naissance de l'Amour, et sa conséquence, le mariage.

Ce n'est pas au moment où le cœur parle
qu'il faut faire son éducation ; il est trop tard
alors. Ce n'est pas en un instant que l'on
peut modifier à sa guise les aspirations d'une
jeune âme et leur faire suivre une voie déterminée.

Et si les parents, poussés en cela par un
sentiment respectable, le souci de l'avenir de
leurs enfants, prétendent les guider dans le
choix du compagnon de leur vie, ils ne doivent pas attendre pour le faire que le cœur ait
déjà à leur insu fait lui-même une sélection.

Nous ne nous occuperons que de la jeune
fille, car, pour elle, les conséquences d'une
erreur du cœur sont singulièrement plus graves
que pour le jeune homme.

Trop souvent les jeunes filles ignorent ce
qu'elles devraient savoir et savent ce qu'elles
devraient ignorer.

« On doit, dit Mme Bernier, inculper à chaque moment dans la tête d'une jeune fille
qu'elle est destinée à faire le bonheur d'un
homme ; son genre d'éducation doit être de

lui en faire connaître les moyens et de lui en inspirer le goût en y attachant sa gloire. »

Dès la plus tendre enfance, on imprègne pour ainsi dire l'âme des femmes de vanité et de légèreté. Tout le monde y concourt : le papa, la maman, les amis de la maison. Avant d'apprendre qu'il y aura des objets qu'elle devra respecter, elle sait qu'il ne s'agit que d'être jolie, et que tout le monde l'encensera.

On lui parle de beauté avant de l'entretenir de sagesse.

L'art de plaire et la première leçon de coquetterie sont inspirés avant l'idée de pudeur et de décence, dont un jour elle aura bien de la peine à appliquer le vernis factice sur cette première couche d'illusion.

Et par une contradiction au moins bizarre, tout en développant chez la jeune fille le besoin de plaire qui est déjà inné en elle, on la met en garde précisément contre les conséquences que peut avoir la constatation de ses charmes.

On se trompe, écrit J.-J. Rousseau, dans l'éducation qu'on donne aux femmes, et en même temps on les trompe. Ont veut leur inspirer de l'amour la même peur que des revenants ; ont leur peint tous les hommes comme des monstres. S'en présente-t-il un bien fait, qui étale des sentiments délicats, qui prenne des dehors modestes et respectueux ? la jeune personne ne manquera pas de croire qu'on l'a jouée, et dès qu'elle verra qu'on lui a exagéré les choses, les donneurs d'avis perdront tout crédit près d'elle.

On les trompe encore d'une autre façon, on évite avec un soin inspiré de les avertir qu'elles seront attaquées par les sens, et que se seront là les attaques les plus dangereuses pour elles. On leur pafle toujours dans la supposition qu'elles sont de purs esprits. Qu'arrive-t-il de là ? Comme elles n'ont pas prévu le genre d'attaque qu'elles auront à soutenir, elles se trouvent sans défense. Ce n'est pas des hommes que l'on devrait leur faire peur, mais d'elles-mêmes. Eh ! que pourrait un amant si la belle qu'il attaque n'était pas séduite par ses propres désirs ? C'est donc le physique qui, chez les femmes, est la principale cause de leurs faiblesses !

Combien sages seraient les parents qui comprendraient ainsi l'éducation des filles ! combien ils s'éviteraient souvent des chagrins cuisants pour eux-mêmes et le malheur de toute une vie pour celles qu'ils auraient dû diriger !

Il s'élève dans le cœur d'une jeune fille, dès qu'elle est en état de se connaître, une tendresse indéterminée qui ne demande qu'un objet pour se fixer : elle produit dans le premier âge ces amitiés vives et tendres et tous ces petits épanchements du cœur qu'on remarque entre filles au sortir de l'enfance.

Lorsque, ensuite, répandue dans le monde, elles portent leurs regards curieux sur ce qui les environne, les attentions que leur marquent les hommes et le plaisir qu'elles ont de se voir recherchées développent en elle des sentiments dont elles ignoraient la nature, et leur cœur se déclare bientôt pour celui qu'elles trouvent le plus aimable.

C'est aux parents qu'il appartient de ne pas laisser ce choix s'égarer sur un indigne, mais, nous le répétons, ce n'est pas au moment de l'éclosion de ce jeune cœur qu'il faut intervenir, et c'est pour ainsi dire au sortir des premiers langes qu'il faut commencer à initier la femme au rôle qu'elle est appelée à remplir, à ce rôle d'épouse dans lequel elle trouvera le bonheur complet ou le malheur, selon que sera bon ou mauvais le choix qu'elle aura fait de l'époux.

Il faudrait pour cela que les parents se pénétrassent de la mission quasi divine qui leur incombe. En acceptant la paternité, ils acceptent charge d'âme, ils sont responsables du bonheur de leurs enfants, et ils doivent tout mettre en œuvre pour atteindre ce but.

Ce n'est pas pour eux-mêmes qu'ils doivent former le cœur et l'esprit des êtres dont ils ont la charge ; ils ont assumé une mission qui comporte l'esprit de sacrifice et d'abnégation, mais ils doivent la remplir.

Et cette mission, combien elle serait amplement payée par le spectacle du bonheur d'êtres chers, par la reconnaissance d'enfants heureux, conscients qu'ils ne doivent leurs joies qu'à la sage direction donnée à leurs sentiments par des parents prévoyants !

C'est quand la jeune fille est encore une enfant qu'il faut guider sa jeune âme vers les sentiments élévés, si l'on ne veut pas se repentir plus tard de la voir s'écarter, par ignorance, ou consciemment, de la voie qu'elle aurait naturellement suivie si on l'y avait engagée sérieusement.

L'esclavage et l'espèce d'avilissement où l'éducation mal comprise place les femmes, dit d'Alembert, les entraves que nous donnons à leur esprit et à leur âme, le jargon futile et humiliant pour elles et pour nous auquel nous avons réduit notre commerce avec elles, comme si elles n'avaient pas une raison à cultiver ou n'en étaient pas dignes ; cette éducation funeste, meurtrière que nous leur prescrivons sans leur permettre d'en avoir d'autre, éducation où elles apprennent presque uniquement à se contrefaire sans cesse, à n'avoir pas un sentiment qu'elles n'étouffent, une opinion qu'elles ne cachent, une pensée qu'elles ne déguisent, les ont placées dans une position exceptionnelle.

Nous traitons la nature en elles comme nous la traitons dans nos jardins : nous cherchons à l'orner en l'étouffant.

Je ne sais pas si je me trompe, mais il me semble que l'éloignement où nous tenons les femmes de tout ce qui peut les éclairer et leur élever l'âme est capable, en mettant leur vanité à la gêne, de flatter leur amour-propre.

C'est vite fait de dire : *Les femmes sont ainsi, elles ne sauraient être autrement.*

S'inquiète-t-on de savoir si ce cœur vaniteux, rusé, véhément pourrait recevoir une règle qui l'adoucît, qui le redressât, qui le rendît humble. Interroge-t-on cette âme dont l'existence ne s'est trahie à l'observation que par la faiblesse des conceptions, que par l'incohérence des idées, que par l'outrecuidance des préjugés, pour découvrir en elle quelque germe de ces facultés de bon sens, de raisonnement, de force intérieure, que l'on sent vivre et agir en soi-même ?

Etudie-t-on cette humeur fantasque pour apprendre si elle ne serait pas, elle aussi, capable d'amélioration ? Se demande-t-on jamais si la position assignée à la femme et qu'on lui voit prendre dans la vie est bien celle que lui assigne la nature ?

S'inquiète-t-on si cette mission répond aux besoins moraux de l'homme, si elle met à profit toutes les facultés de celle qui la remplit ?

Non, tous ces soucis, toutes ces considérations ne prévalent pas un seul instant contre les préjugés, les conventions et la routine.

Il est admis que la femme doit être ainsi.

Ils sont donc mal venus à se plaindre, les parents qui voient s'insurger contre leur autorité des enfants qu'il n'ont pas su élever, avec lesquels ils ont employé les règles de la morale courante ; et la fille qui fait un mauvais mariage, quand bien même elle l'aurait contracté contre le gré de sa famille, est toujours en droit de demander compte de son malheur à ceux qui n'ont pas su diriger son cœur à l'époque où il était encore inaltérable et disposé à recevoir toutes les impressions.

Puisque les parents ont l'expérience, que ne l'appliquent-ils pas ?

Ils devraient avoir constamment à l'esprit cette idée que leur fille est destinée au mariage, et la conduire vers ce but en prenant longtemps à l'avance toutes les précautions pour que cet acte ne fût pas pour elle une déception.

Pourquoi ne pas familiariser la jeune fille elle-même avec cette idée, au lieu de la laisser dans une vague incertitude au sujet de ses futurs devoirs ? N'y a-t-il pas là pour la mère un rôle tout tracé ? Pourquoi ne serait-elle pas la confidente de sa fille au lieu de l'amie de pension ?

Si, dès la plus tendre enfance, on a écarté avec soin de la jeune fille toutes les occasions de fausse interprétation ; si, à son insu même, on l'a conduite discrètement dans le chemin qu'on veut lui voir suivre ; si on a imprimé à son cœur, à ses idées une direction déterminée par l'expérience acquise ; si on l'a habituée à ne voir que par les regards de ses parents, à n'écouter que leurs conseils, à ne suivre que leurs avis ; si on l'a en quelque sorte isolée du milieu ambiant, il y a gros à parier que dès que l'enfant sentira surgir en elle un sentiment nouveau, au lieu de chercher elle-même, sans guide et sans appui, une explication, du mystère qu'elle devine, elle s'adressera de préférence à ceux qui auront su gagner sa confiance.

Nous ne voulons pas dire par là que la jeune fille doit être sequestrée, qu'on doit la laisser dans une ignorance absolue de ce qui l'entoure, lui interdire toute lecture qui puisse éveiller ses sens, non ! mais il faut que, sans fausse pudeur, sans pruderie, elle puisse demander à sa mère les explications dont elle a besoin.

La jeune fille, conduite ainsi insensiblement, sans à-coup, vers la confiance absolue, restera toujours dans la main de ses parents, lesquels, le moment venu, pourront alors diriger, guider ce jeune cœur vers l'objet qu'ils auront choisi pour elle, avec leur expérience.

Sans contrainte, avec joie et souvent avec la certitude d'avoir découvert elle-même l'homme de son choix, si les parents ont été habiles, la jeune fille ira ainsi vers le bonheur qu'à son insu on lui a préparé.

Mais, hélas ! combien peu de parents sont à même de se livrer à cette éducation du cœur. Il semble que leurs efforts tendent au contraire à l'excitation des sens. Bien peu comprennent leur véritable mission, qui est en quelque sorte le préceptorat de l'âme, et parmi ceux qui la comprennent, combien se hasarderaient à la mettre en pratique ? On ne veut pas se singulariser, on élève ses filles comme tout le monde, et ainsi se perpétuent les traditions absurdes, desquelles il résulte que la femme reste l'être désarmé, à la merci de l'ignorance de son cœur et toute prête à suivre ses aspirations quelles qu'elles soient, et, par conséquent,

sujette à tomber dans des erreurs irrépara-
bles.

Si la mère comprenait véritablement son
rôle, il disparaîtrait bien vite, cet antagonisme
presque inévitable qui survient entre elle et le
mari, c'est elle-même qui l'aurait choisi.

Elle ne serait plus la belle-mère, elle serait
simplement, aussi bien pour sa fille que pour
son gendre, la mère !

XXIII

L'UNION LIBRE

Avant de parler du mariage, nous croyons devoir dire un mot d'un état qui n'en diffère que par une nuance bien légère : nous voulons parler de l'union libre.

Non pas de ces liaisons passagères qui ne résultent que d'un caprice et qui n'ont que la durée du caprice lui-même, mais de ces unions solides, contractées entre des êtres qui s'aiment, qui s'estiment, mais qui, pour des raisons quelconques, n'ont pas cru devoir demander à la loi sa sanction et à la religion l'autorité conventionnelle de ses rites.

L'union libre, qui était aux premiers âges la seule forme du mariage, après avoir disparu en quelque sorte, chassée par l'intolérance religieuse et une législation draconienne, tend de nos jours à reparaître dans les mœurs, suivant ainsi l'évolution lente mais sûre de toutes les institutions humaines vers la liberté.

On ne détruit pas d'un seul coup les préjugés et les conventions créés par une longue suite de siècles, et le moment n'est pas encore venu où on appellera les choses par leur véritable nom, où la vertu ne sera plus l'hypocrisie et le mensonge, la liberté, un mot..

L'union libre, telle que nous l'entendons, engage par des liens aussi solides, sinon plus, ceux qui la contractent, que le mariage légitime ; elle leur impose les mêmes devoirs sociaux, les mêmes responsabilités vis-à-vis des enfants qui peuvent en naître.

Nous l'avons déjà dit ailleurs, notre intention n'est pas de battre en brèche le mariage légitime ni d'entrer en lutte avec la législation actuelle, mais nous pouvons néanmoins envisager le temps où disparaîtra, comme ont disparu bien d'autres choses, le mariage légal pour faire place à l'union librement consentie sans contrainte et sans formalités.

Il est bien évident que l'évolution ne peut être que progressive vers la liberté dans le mariage, car si l'individu pris isolément sent au fond de lui-même certaines révoltes contre l'hypocrisie de la vertu officielle, les généralités sont plutôt disposées à accepter la loi comme seul guide, en vertu de ce principe faux que seul est vertueux qui s'y soumet.

L'opinion générale le veut ainsi et toute la morale de nos jours consiste à ne pas s'aventurer sur les marges du Code.

Il serait intéressant de savoir si les législateurs eux-mêmes ont toujours mis leur vie privée en rapport avec les principes moraux qu'ils ont érigés en lois ; le contraire est à peu près certain, car les lois humaines sont presque toujours en contradiction formelle avec les lois naturelles, que l'on est par conséquent individuellement plutôt porté à suivre.

Mais comme le mariage avec toutes ses imperfections n'en constitue pas moins la base de la société actuelle, que dans le mariage seulement réside la vertu officielle, les défenseurs de cette vertu de convention la maintiendront de tous leurs efforts pendant longtemps encore, mais ils ne pourront empêcher la disparition inévitable d'une institution qui n'a pas toujours existé et qui, par conséquent, ne saurait-être éternelle puisqu'elle ne repose que sur des conventions et des préjugés.

Ces préjugés, ces conventions sont tellement en dehors de l'essence propre de notre nature, qu'au fur et à mesure de la progression de l'esprit humain, de l'extension plus considérable de la pensée individuelle, le conflit s'accentue entre la raison pure et la coutume de la lutte, lutte dont nous constatons à notre époque les déplorables effets.

Il en est des agglomérations humaines comme de l'individu. Elles ont leur enfance, leur âge mûr, leur vieillesse et leur mort.

Il est bien évident que, lorsque votre fils atteint un certain âge, vous cessez de le menacer de *Croquemitaine* et du *charbonnier*, et vous trouveriez de fort mauvais goût vous-même que le maître qui a présidé à vos premiers pas dans la vie persistât, alors que vous avez barbe au menton, à vous traiter comme un enfant.

Eh bien ! si le mode d'éducation, si le genre de vie de l'individu doivent suivre avec l'âge une progression plus intelligente et plus conforme à ses besoins moraux, le genre de vie, le mode d'existence d'une nation doivent aussi suivre cette progression et varier au fur et à mesure que cette nation s'avance dans la voie de l'affranchissement intellectuel.

C'est-à-dire que les lois et les mœurs doivent toujours être en harmonie parfaite avec le progrès de l'esprit, et en être en quelque sorte le reflet.

Et précisément, si aucune des réformes préconisées depuis si longtemps par des esprits supérieurs ne peut aboutir, ou n'aboutit qu'après des luttes parfois sanglantes, si de nos jours encore des hommes comme J.-J. Rousseau sont traités couramment d'utopistes, c'est que nous nous obstinons, par une aberration incompréhensible, à nous traîner péniblement dans les ornières d'une organisation sociale qui n'est plus de notre âge.

Lorsque se groupèrent les familles pour former les premières nations, dans un but de défense et de protection mutuelle, le mariage existait déjà.

Mais on n'avait pas encore reconnu le besoin d'en faire une nécessité d'ordre social.

Ce ne fut que plus tard, quand un soldat heureux se fut proclamé roi, qu'il s'avisa qu'il tiendrait bien plus étroitement sous sa dépendance les guerriers sous ses ordres, si ces hommes étaient attachés au sol, à l'Etat par des *obligations* de famille qui leur rendraient l'exode plus difficile en leur créant certains devoirs sociaux qui sont devenus depuis le *patriotisme*.

Les premiers chefs de l'Eglise virent aussi dans le mariage une force qui leur livrerait l'homme en leur donnant la femme.

Rois et pontifes ont raisonné juste et l'événement leur a apporté la considération. Qu'est-ce donc qui rend l'homme si facilement gouvernable ? C'est qu'il sent derrière lui une femme et des enfants dont il s'est constitué légalement le protecteur et le soutien.

Mais comme, aux époques primitives, la

force seule était la loi, il s'en suivit naturellement que les premiers légistes imbus de ce principe, placèrent la femme dans un état d'infériorité qui persiste encore de nos jours.

Cependant la raison, de sa voix puissante, n'a jamais cessé de s'élever contre cet état de choses si profondément illogique et cette voix, on commence à l'entendre : le divorce est entré dans nos mœurs, premier acheminement vers l'union libre.

Nous reviendrons certainement à ces époques patriarcales où la simple bénédiction d'un père suffisait pour faire des époux.

Et quand une éducation rationnelle et sérieuse aura fait réellement de l'humanité des hommes et des femmes, nul ne songera à exciper, pour s'affranchir de ses devoirs sociaux, qu'une loi ne les leur impose pas. Ils auront acquis le sentiment de la solidarité sans laquelle il n'est pas de société possible.

Et déjà, devançant son époque, l'un des plus illustres savants de ce siècle a, dans la plénitude de son esprit donné l'exemple d'un affranchissement moral qui n'est pas sans grandeur.

L'éminent géographe Elisée Reclus a, sans recourir à la consécration de la loi, uni lui-même ses filles à des époux de leur choix; bra-

LUNE DE MIEL

vant préjugés et conventions, guidé seulement par la logique et la saine raison.

« L'acte de célébration n'est point de l'essence du mariage, écrivait l'avocat Simmony en 1807, c'est une formalité introduite par une loi arbitraire dans *l'unique vue de le constater d'une manière certaine.* »

« Avant qu'il y eut des rois, le mariage était nécessaire, dit un magistrat en 1787, il était prescrit et c'était de lui que devait naître les familles. Ce n'est point des lois de leur royaume que les princes tiennent le droit d'avoir une femme. »

Target, qui coopéra à la rédaction du code civil, repoussait énergiquement toute espèce de législation sur le mariage comme inutile et superflu. Il soutenait que les Etats n'en ont pas besoin, et que partout où la puissance publique aperçoit l'intention de vivre avec une femme comme avec une épouse, elle doit reconnaître un mariage capable de donner aux enfants l'état de la légitimité.

« L'homme et la femme, dit-il, capables de volontés et maîtres de leurs droits, veulent s'unir, et ils sont unis de ce fait. Rien ne manque à leur engagement dès qu'ils ont consenti à le former. »

Les cérémonies instituées chez les nations pour la solennité des mariages ne sont pas

liées à leur nature et l'inobservation des cérémonies ne porte aucune atteinte au lien formé
par la volonté des époux.

Terminons en faisant remarquer que c'est
l'intolérance religeuse et politique qui a introduit en France le mariage *purement civil*, et
que c'est Louis XIV qui en fut le fondateur.

L'édit de janvier 1561 reconnaissait aux
protestants le droit de faire bénir leur mariage
par les ministres de leur culte.

Cette faculté leur fut retirée par un arrêt du
5 septembre 1685, précédant d'un mois la révocation de l'édit de Nantes et ordonnant que
les mariages des *religionnaires* fussent célébrés
devant le principal officier de justice du lieu,
et seulement à de certains jours qui seraient
déterminés par l'intendant.

XXIV

L'AMOUR DANS LE MARIAGE

Nous n'écrivons pas cette modeste étude dans un sentiment de propagande féministe ; notre intention n'est pas la diffusion d'idées nouvelles. Nous acceptons le mariage tel qu'il existe, et nous ne voulons parler que de la femme légalement unie.

Mais parmi les différents modes de mariage que nous avons effleurés plus haut, nous ne voulons retenir que celui qui est vraiment digne de ce nom, de celui qui est basé uniquement sur une affection mutuelle des parties contractantes, du mariage d'amour.

Nous laisserons donc de côté les malheureuses qui se sont liées par intérêt ou par convenance, par orgueil ou même par dévoûment ; qu'elles soient heureuses, c'est notre vœu le plus cher, mais leur sort nous inquiète beaucoup moins que celui des véritables amoureuses, qui n'ont vu dans le mariage que la faculté de se donner librement à l'élu de leur cœur.

C'est pour celles-là surtout que nous écrivons, et puissions-nous être assez heureux pour que le résultat de nos observations et de nos recherches concourût à maintenir toujours brillante la douce flamme d'Amour, qui de la fiancée a fait une épouse.

Ah ! c'est surtout pour ceux qui s'aiment que les formalités et les cérémonies du mariage civil et religieux sont de vains accessoires ; leur union est bien plus fortement cimentée par l'Amour que par les froides énonciations du Code et les rites liturgiques de l'Eglise.

Demandez donc à cette adorable jeune fille, si charmante dans sa virginale toilette, où vont ses pensées alors que, devant elle, un monsieur grave, l'écharpe aux reins, mâchonne des phrases barbares, où reviennent à chaque instant les mots de devoir et d'obéissance ? Demandez lui à quoi elle songe agenouillée devant l'autel, alors que l'encens grisant met ses troublantes effluves sous les voûtes de l'église, alors que les orgues mugissent un chant triomphal, quand elle sent glisser à son doigt l'anneau symbolique qui la lie.

Elle songe avec une crainte vague, d'une douceur inouïe, que les heures s'écoulent trop lentement et à la fois trop vite, que le moment s'approche où elle va connaître le mot qu'elle devine, délicieux, du mystère enfin dévoilé, vers lequel ses rêves depuis si longtemps se sont portés anxieux !

Et quand elle a répondu au maire et au prêtre le oui sacramentel, ce n'était pas à leur question officielle qu'elle répondait, mais à la question muette qu'elle lisait dans les yeux du fiancé.

— Oui, je suis à toi ! Oui, je me donne ! Oui, prends-moi !

Et lui, le jeune homme, n'est-il pas délicieusement ému aussi, malgré le bel air de crânerie dont il cherche à couvrir son trouble ? Est-ce qu'il entend un mot de ce que dit l'officier de l'état civil ? Est-ce qu'il serait en état de répéter une des phrases qu'a susurrées le prêtre ? Oh ! que non : tout son être, dans une tension indicible, est porté sur la vierge qu'il sent frissonner à son côté sous ses voiles, et maudit toutes ces lenteurs qui retardent d'autant le moment si longtemps espéré où il sentira enfin battre son cœur, ce cœur adoré, et frémir sous ses baisers cette chair liliale qui est enfin à lui !

Et voilà que, dans un rapide souvenir repassent sous ses yeux, comme dans un songe, les maîtresses d'antan ; les brunes, les blondes,

mours ébauchées, passionnettes, caprices, et
sent alors combien tout cela était vide et
oid, aux battements précipités de son cœur.

Qu'on nous permette d'ouvrir ici une courte
arenthèse.

Si la fiancée ignore encore le côté charnel
e l'Amour, si sa passion est toute morale, il
'en est pas ainsi du jeune homme ; il sait, lui,
t il faut qu'il sache ; à lui appartient le rôle
harmant d'initiateur.

A côté de conventions féroces, nous en
vons d'autres qui sont absolument grotes-
ues.

Voici un jeune homme très épris d'une jeune
lle. Il fait sa demande, il est agréé. Mais tout
 coup le bruit se répand que ce jeune homme
st encore... comment dirons-nous ? Nos pè-
es, moins bégueules et plus francs, avaient
les mots pour dire cela. Enfin, bref, le bruit
e répand que le jeune homme n'a pas en-
ore fait le moindre voyage à Cythère. Et
'on sourit, et l'on chuchote... Il est ridicule !
.e beau-père hésite maintenant à confier le
onheur de sa fille à un garçon aussi dépour-
u... d'expérience. Et la jeune fille elle-même,
ui, malgré son innocence et sa candeur, sait
ue son mari est appelé à lui enseigner des
hoses inconnues mais pressenties, n'accueil-

lera pas avec un grand enthousiasme l'idé
d'apprendre la vie avec un professeur si pe
instruit.

Il faut donc qu'ils sachent, les jeunes hon
mes ; mais alors, où iront-ils apprendre ? Pre
d'une femme mariée ? Halte ! Il y a là un ma
qui tue la femme, qui tue l'amant, qui tue tou
la loi en mains. Alors, il va s'adresser à un
jeune fille ? Mais celle-ci, dans le principe
doit être aussi inexpérimentée que lui-même
et si, comme firent jadis Daphnis et Chloé, i
essayent à eux deux de résoudre la myst
rieuse équation, la convention, les préjuge
surviennent, et en se voilant la face à la face
de Tartufe, déclarent que la jeune fille q
cède avant le mariage est digne de tous l
mépris.

Mais il y a plus encore, c'est que le bo
jeune homme, tout le premier, s'empresse, ur
fois la science acquise de *lâcher* son collabo
rateur féminin, sans aucun scrupule, en ver
de ce joli raisonnement : Si elle m'a cédé
moi, il n'y a pas de raison pour qu'elle ne cèd
pas à un autre.

La société met donc le jeune homme dar
l'obligation formelle d'apprendre l'amour, to
au moins dans son mécanisme. Et il ne res
à celui qui cherche l'initiation, s'il veut échap
per à la mort ou rester correct, qu'à s'adress

aux femmes qui font profession d'enseigner l'art d'aimer dans ses formes matérielles.

Eh bien! ces femmes-là, ces professeurs, dont la société reconnaît tacitement l'absolue nécessité, au même titre que le professeur de grammaire ou de mathématiques, la société, disons-nous, n'a pour elles qu'injures et ignominie!

Ceci a tout l'air d'un paradoxe, c'est tout au moins à méditer.

Pour la jeune fille qui se marie par Amour, c'est généralement la première fois que son cœur parle, ou si elle a ressenti jadis quelque inclination pour un autre que son fiancé, elle a toujours gardé au plus profond d'elle-même ce secret que nul n'a jamais deviné.

Elle n'a donc pas, ainsi que l'homme, à établir un parallèle entre l'amour présent et les défuntes amours; elle est bien tout entière à celui à qui elle se donne corps et âme.

C'est de cet homme, qui est là, près d'elle, qu'elle attend la suprême révélation. Elle l'aime certainement, mais elle a comme une intuition qu'elle va l'aimer plus encore tout à l'heure que va se révéler à elle, dans son mari, une autre personnalité encore inconnue, que son amour va trouver un autre aliment, une source nouvelle de force et d'ardeur, et c'est sans terreur, mais avec un doux émoi, qu'elle attend l' « Enfin seuls » !

Voit-elle en ce moment, la fiancée d'hier l'épouse d'aujourd'hui, les conséquences de l'acte si grave qu'elle vient d'accomplir ? Oh ! que non ! Il n'est pas dans son esprit d'autre préoccupation que celle-ci : dans un moment, elle sera à l'homme qu'elle aime, elle lui fera le sacrifice d'elle-même, elle se donnera tout entière dans un abandon complet de son être. C'est à l'homme qu'il appartient dès lors de se montrer digne, de conserver le prestige qu'il a su acquérir sur le cœur de son épouse.

Une femme qui a ri de son mari ne peut plus l'aimer, dit Balzac. Un homme doit être, pour la femme qui aime, un être plein de force, de grandeur, et toujours imposant. Une famille ne saurait exister sans le despotisme.

C'est donc dès la première minute de l'intimité que doit s'établir nettement la situation entre époux. C'est le premier baiser, c'est la première caresse qui décident souvent, même entre ceux qui s'aiment, du bonheur de toute une vie.

Nous ne pouvons résister au plaisir de citer ici quelques lignes que nous empruntons au *Carnet d'une femme*, dans lequel Pierre de Lano a, d'une si spirituelle et si savante façon, étudié la psychologie des caresses.

« Il y a trois sortes bien distinctes de baisers : le baiser d'avant, le baiser de pendant et le baiser d'après la possession.

« Le baiser d'avant la possession doit être doux, timide, prudent, discret et modeste ; il doit être pareil un peu, pour employer une comparaison, à un voyageur qui frapperait à une porte et qui se ferait humble pour qu'on lui accorde l'hospitalité.

« Si le voyageur est un bandit ayant l'intention de mettre à feu et à sang la maison, il se gardera bien alors de révéler son véritable état ; si le baiser est un baiser terrible, un brigand de baiser, il se gardera bien de montrer l'ardeur qui l'anime, de laisser deviner les méfaits dont il compte se rendre coupable.

« Le baiser de pendant la possession a tous les droits, tous les devoirs même d'un conquérant ; qu'il saccage, qu'il morde la bouche qui l'agrée, il sera pardonné, tel un soudard en une ville vaincue est souvent excusé par la belle fille qu'il vient de trousser.

« A la minute exquise et douloureuse de l'abandon, les trois caresses du toucher, du gout et de l'odorat formeront dans un ensemble la joie mystérieuse en dehors de laquelle rien n'existe, parce qu'elle est absolue, parce que sa genèse est dans la vie même.

« Le baiser d'avant et le baiser de pendant

la possession doivent être assez bien entend
de la plupart des hommes, et tous en observe
probablement les nuances, presque instinctiv
ment.

« Je doute que le baiser d'après la posse
sion soit aussi bien, aussi communément cor
pris.

« Les uns doivent le faire trop brutal, l
autres trop indifférents.

« Ce baiser doit être comme une cares
délicate, reposante, qui court sur les lèvre
sur les yeux, sur tout ce qu'il vient d'aime
c'est avec lui comme le muet remercieme
comme le sentiment matérialisé mais reconna
sant de la joie qu'il a éprouvée.

« La femme la plus voluptueuse, la moi
pudibonde par conséquent, se sent enva
après l'abandon par l'involontaire regret de c
abandon.

« Or, si les hommes avaient l'intuition de
pensée à cette heure, si les hommes savai
la récompenser de son émoi, de sa secr
alarme, en mettant dans leur baiser... de c
ture de la chasteté presque, ils seraient d
blement aimés ! »

Ah ! cette minute exquise de la possessi
est bien autrement éloquente que les artic
du code et les recommandations du prêtr
c'est elle qui montre éloquemment à la femm

s· réels devoir: ; qu'a-t-on besoin de lui par-
r d'obéissance ! N'est-elle pas toute disposée
 tout faire pour le maître aimable qu'elle vient
e reconnaître ?

N'a-t-elle pas, à dater de ce moment, le
ilte de l'époux ? N'est-il pas tout pour elle ?
out disparaît devant lui : famille et amis ; il
ste seul debout, maître absolu de ce cœur
onquis à tout jamais.

La femme qui aime est au lendemain de son
ariage comme une idole descendue de son
édestal, pour y installer à sa place le prêtre
ii l'a encensée la veille.

Et dans ce don qu'elle a fait d'elle-même,
y a aussi de la fierté, son amour s'augmente
icore de la sanction légale qui lui a été donnée,
 comme elle se suspend amoureusement au
as de son mari, heureuse de montrer à tous
n bonheur !

Ont-ils besoin de conseils, ces heureux
oux qui, bien épris dès les premiers instants,
it puisé dans la connaissance intime que leur
roite union leur a donnée l'un de l'autre, de
ouvelles raisons pour s'enflammer davantage ?
ne semble pas qu'ils aient besoin de pré-
ptes pour continuer de s'aimer : une ten-
esse ainsi réfléchir paraît de nature à durer
ujours.

Cependant le cœur humain est si variable

qu'il ne peut sans témérité répondre de brûler sans cesse d'une ardeur égale et constante. L'Amour est un feu, il s'éteindra si on le noie ou s'il manque d'aliment.

« En général, écrit Panage, les femmes aiment plus que nous. La nature, sage en tout, leur a exprès départi un fond presque inaltérable de tendresse naturelle et d'ardeur pour la volupté, afin de les étourdir sur les suites du mariage, pour charmer leurs souffrances et compenser leurs peines par le doux appât du plaisir. Voilà ce qui, chez la plupart d'entre elles, tient la place d'un amour réfléchi. Nous n'aimons que par choix; mais, pour elles, on les voit souvent empressées, même pour des époux qu'elles ont pris les yeux fermés. »

L'Amour, et surtout l'amour conjugal, se nourrit d'amour. Pour un amant qui sonde un cœur, la seule espérance peut entretenir sa flamme; mais quand ce cœur est devenu sa conquête, il a droit d'attendre du retour et de la constance, le nœud sacré du mariage l'y autorise encore plus et fait entre les deux époux, du devoir de s'aimer, un devoir de religion, sous la clause cependant que l'amour sera réciproque.

Pour vivre heureux sous le joug de l'hymen ne vous y engagez pas sans aimer et sans être aimé. Donnez du corps à cet Amour en le ondant sur la vertu ; s'il n'avait d'autre objet que la beauté, les grâces et la jeunesse, aussi fragile que ces avantages passagers, il passerait bientôt comme eux ; mais s'il est attaché aux qualités du cœur et de l'esprit, il est à l'épreuve du temps.

Pour vous acquérir le droit d'exiger qu'on vous aime, travaillez à le mériter ; soyez, après vingt ans, aussi attentif à plaire, aussi soigneux à ne point offenser que s'il s'agissait aujourd'hui de faire agréer votre amour.

On gagne autant à conserver un cœur qu'à le conquérir.

Qu'entre les époux règnent l'amour et les soins complaisants : la douceur de leur union est garantie. Elle sera sans doute altérée s'il lui manque une seule de ces trois conditions ; mais elle sera anéantie, si c'est la première qui manque.

Mais ces conseils, la femme qui aime réelement n'en a que faire ; son amour lui dicte la conduite qu'elle doit tenir, elle sent instinctivement ce qu'elle doit faire pour conserver intact l'affection de l'époux et pour l'augmenter encore.

N'a-t-elle pas le secret de se rendre toujours désirable, n'a-t-elle pas fait de son intérieur un nid charmant et coquet, où plus que partout ailleurs se plaira son mari ?

Car tout le secret du bonheur conjugal est là pour la femme; et si elles s'interrogeaient avec une entière bonne foi, celles qui se voient peu à peu délaissées, puis abandonnées, elles découvriraient bien vite qu'elles n'ont pas su ou qu'elles n'ont pas voulu se donner la peine de retenir auprès d'elles le mari qui ne demandait qu'à y rester.

Elle sait être amante en même temps qu'épouse, celle qui aime, et elle n'a pas besoin d'une longue étude pour régler sa façon d'être sur les goûts, le caractère, les préférences du compagnon de sa vie.

XXV

LA LUNE DE MIEL

Quelle charmante et gracieuse imagé n'évoque-t-elle pas, cette appellation qui fut si bien choisie pour désigner la première période du mariage !

Comme elle dit bien la tendresse, le mystère, la douceur qui président aux premiers pas du jeune ménage dans la vie nouvelle qui s'ouvre devant eux.

C'est surtout à ce moment que l'Amour devient réellement cet « égoïsme à deux », comme on l'a qualifié avec quelque raison.

Pas d'autre préoccupation dans ce moment béni que celle de l'Amour. L'avenir ? on s'en inquiète bien ! n'a-t-on pas le temps d'y songer ? Est-ce que toute la vie n'est pas là pour cela ?... L'instant est tout aux baisers, aux caresses ! C'est surtout dans le mariage que la lune de miel est plus complète, plus délicieuse encore. Entre amants, malgré la passion, il peut rester place pour une appréhension, ou on peut envisager une séparation toujours possible ; mais entre époux n'a-t-on pas le droit de considérer l'union comme éternelle ? Aux premiers temps du mariage, on a bien le droit de garder encore quelques illusions.

On a pleine et entière confiance en soi-même, en celui ou celle qu'on aime ; on peut donc largement entamer son fonds de tendresse sans trop s'inquiéter de le voir s'épuiser.

Même pour ceux qui ne contractent qu'un mariage d'intérêt ou de raison, elle existe, cette époque inoubliable de la lune de miel. A défaut du cœur, les sens parlent et arrivent parfois à donner l'illusion de l'Amour à des êtres tout surpris de se sentir animés l'un pour l'autre d'un sentiment qu'ils ignoraient.

Et parfois l'amour réel est né de cette période des baisers forcés et obligatoires.

Sa durée est plus ou moins longue, mais elle existe pour tous indistinctement, et il n'est pas de si mauvais ménages, d'époux si désunis, qui ne gardent dans un coin de la mémoire le souvenir tendre et doux de quelques heureux instants.

Mais, pour ceux qui s'aiment, la lune de miel est éternelle ; certes, les baisers n'auront pas toujours la fougue et l'ardeur des premiers jours, les caresses perdront peut-être de leur violence passionnée, se feront en quelque sorte plus sages, plus raisonnables, mais ce sera toujours l'Amour.

La lune de miel, si elle a une raison de se terminer chez ceux qui ne s'aiment plus, est immortelle chez ceux qui s'aiment ; elle traverse des phases diverses, c'est possible.

Après les étreintes passionnées, les caresses folles, les baisers brûlants, survient non pas la satiété, mais au contraire un amour plus expérimenté, plus savant, dont les jouissances sont plus habilement calculées, et par cela même d'un effet plus puissant.

Puis, c'est la bonne, la solide amitié qui lie les époux heureux, époque non moins douce, toute semée encore de réminiscences du bon temps, de fréquentes apparitions de la bonne lune de miel des premiers jours.

L'homme est devenu quelquefois un grave personnage, la femme est une excellente mère de famille, et, pourtant, à certains jours, à certaines dates que l'on évoque, en échangeant un sourire malicieux, on retrouve presque les baisers d'autrefois, les délicieuses puérilités de l'amour jeune, les charmants enfantillages et les petites ruses, vite devinées, qui étaient autant d'invites aux caresses.

Pour ceux-là, ces heureux époux, la transi-

tion entre la lune de miel et la période calme,
si nous pouvons nous exprimer ainsi, est tellement subtile qu'ils ne s'en aperçoivent pas
eux-mêmes. Le mari et la femme se sont si bien
identifiés que leurs désirs mêmes semblent ne
se produire que d'un commun accord; on jure-
rait qu'aussi bien que leurs âmes, leurs sens
sont en communion parfaite, et jamais alors
ne se produisent ces heurts, ces impairs qui
font du mariage une chose redoutable en mettant continuellement en contact des êtres qui
ne sentent pas l'un comme l'autre et qui, parfois, se subissent mutuellement avec indifférence, quand ce n'est pas avec dégoût.

L'Amour dans ces ménages étant devenu
l'état habituel, il se tranforme insensiblement
et suit toutes les modifications qu'entraîne
après lui le temps, et ceux-la ne savent pas ce
que c'est que l'Amour, qui sourient devant une
caresse d'amants échangée entre de vieux
époux.

L'Amour ne saurait vieillir, et il a cette
puissance, chez ceux qui le ressentent réellement de faire durer jusqu'à l'extrême limite de
la vie l'illusion de la jeunesse.

Mais aussi, combien rares sont ces unions
que la lune de miel a seule éclairées de sa
lueur douce et discrète, ces mariages que
n'ont jamais troublés le soupçon ni la jalousie

et qui n'ont eu, dans le ciel toujours bleu de leur bonheur, que ces légers nuages que le moindre souffle du zéphyr emporte au loin, sans même laisser de leur passage rapide l'ombre d'un souvenir !

« L'Amitié s'enrichit des pertes de l'Amour, » a dit quelqu'un.

Si cette pensée est délicate elle n'est pas exacte, surtout à l'égard des femmes; cela semble dire que, pour que l'amitié succède à l'Amour dans le cœur des deux êtres qui ont ressenti l'un pour l'autre une passion violente, il faut qu'elle soit également éteinte des deux côtés.

C'est là une erreur, car, dans les cœurs réellement épris, l'Amitié ne succède pas à l'Amour : elle en devient une autre forme, l'Amour reste entier sous un autre nom.

XXVI

QUERELLES D'AMOUR

> Il n'y a pas de colère plu
> violente que celle de l
> femme : vieux vaudrait lutte
> parmi les lions et les serpen
> que de vivre avec une mé
> chante femme.
>
> ECCLÉSIASTIQUE.

Fort heureusement, il est peu de femme
violentes. Ce caractère est tellement oppos
aux qualités qui font chérir un sexe dont l
douceur est le plus aimable attribut, qu'un
femme emportée est pour ainsi dire un phé
nomène.

Cependant il faut bien admettre que beau
coup de femmes ont l'esprit faussé par l
mauvaise éducation qu'on leur donne e
qu'elles en arrivent souvent, par suite, à un
mauvaise interprétation de leurs fonctions e
de leurs devoirs.

« La plupart des femmes, affirmait déjà Juvénal, aiment à vivre dans l'indépendance, et leur entêtement à cet égard est une source de querelles. Une femme orgueilleuse est fâcheuse à son mari et pire qu'une tigresse. »

« Vous lui ferez mordre un fer chaux, dit Montaigne, plutôt que de l'obliger à changer la résolution qu'elle a prise dans sa colère. »

L'amour, même poussé à son plus haut degré d'intensité, ne parvient pas toujours cependant à annihiler d'autres sentiments qui existaient dans le cœur avant lui et qui y persistent malgré lui. Il peut se faire que la vanité, l'amour-propre, l'orgueil, se taisent un instant dans les premières effusions, mais il est rare que quelque jour l'un de ces défauts ne montre pas le bout de l'oreille et ne devienne la source d'une de ces querelles, presque inévitables, entre gens que mettent constamment en présence les exigences de la vie commune.

Mais si ces querelles sont dangereuses entre époux qui ne s'aiment pas ; si, parties souvent d'une futilité, elles s'enveniment au point de devenir des motifs de rupture, il n'en est pas de même entre deux êtres qui s'aiment.

Il peut arriver, et il serait même extraordinaire que cela n'arrivât pas, qu'une certaine divergence d'idées se rencontre entre époux.

Une banale question d'ordre intérieur suffit parfois pour amener un nuage entre eux, un malentendu, un froissement involontaire, un peu d'amour-propre mal placé. Et voilà une fâcherie, une bouderie. Mais aussi, combien cela dure peu ; chacun des deux époux ressent à part soi une douleur intense d'un état de choses si contraire à l'habitude, et il leur tarde, aussi bien à celui qui a les torts qu'à celui qui les a supportés, de faire cesser cette tension si pénible et de reprendre la douce vie journalière, les tendresses accoutumées.

Ordinairement entre époux qui s'aiment, les querelles n'ont pas un motif bien grave, et si quelques mots aigres-doux sont parfois échangés, jamais l'irréparable injure ne vient mettre un insurmontable obstacle à une réconciliation.

L'amour-propre est surtout en jeu. Le mari qui se considère toujours un peu comme le chef réel de la communauté ne voudrait pas diminuer son prestige en cédant, et d'un autre côté, la femme, persuadée du pouvoir que lui donnent ses charmes, ne veut pas non plus convenir de ses torts, si elle en a.

La situation va-t-elle donc s'éterniser ainsi ? Oh ! que non pas.

Et à la première occasion, — l'un ou l'autre, au besoin, la fait naître, — quelquefois, sans un mot, les bras s'ouvrent, un baiser s'échange, tout est oublié, le nuage s'est envolé.

Mais il est surtout une ressource suprême pour mettre fin à ces querelles futiles et les empêcher de s'envenimer : c'est l'oreiller.

On s'est couché boudeurs, sans un mot, et pour la première fois peut-être, le baiser accoutumé n'est pas venu, comme chaque soir, sonner sur les lèvres impatientes son doux couvre-feu.

Monsieur, grave et digne, s'est allongé, et, en mauvais comédien, outrepassant ses effets, il affecte trop tôt un sommeil profond, qu'il accentue même, pour plus de vérité, d'un discret ronflement inusité.

Mais Madame n'est pas dupe de ce manège et c'est alors qu'apparaît, dans toute sa plénitude, la supériorité du sexe faible sur le nôtre.

C'est peut-être une Agnès, cette femme ; elle n'a rien lu, rien observé, rien appris, et pourtant elle parvient, grâce à des prodiges d'une diplomatie savante, à faire sortir Monsieur de sa feinte somnolence. Avec une incomparable adresse, elle trouve un sujet d'entretien et insensiblement, par un enchaînement qui semble venir d'une façon toute naturelle, elle ramène la conversation sur l'objet du litige et elle sait si bien s'y prendre que la réconciliation s'impose sans trop avoir à léser l'amour-propre de chacune des deux parties.

Mais, plus encore, elle parvient sans trop d'effort à laisser croire au mari que c'est lui-même qui a pris l'initiative.

Et Monsieur qui, souvent; a fort bien démêlé le jeu de la rusée, mais trop heureux de voir se terminer ainsi un incident qui lui pèse, se prête de bonne grâce à cette petite comédie, concession dont il sait fort bien qu'on lui saura gré.

« Cette adresse particulière donnée au sexe, dit J.-J. Rousseau , est un dédommagement très équitable de la force qu'il a de moins, sans quoi la femme ne serait pas la compagne de l'homme, elle serait son esclave ; c'est par cette supériorité de talent qu'elle se maintien‘ son égale et qu'elle le gouverne en lui obéissant. »

La femme a tout contre elle : ses défauts, sa timidité, sa faiblesse ; elle n'a pour elle que son art et sa beauté. N'est-il pas juste qu'elle cultive l'un et l'autre ?

L'esprit seul est la véritable ressource de la femme, non pas ce sot esprit auquel on donne tant de prix dans le monde et qui ne sert à rien pour rendre la vie heureuse, mais l'esprit de son état, l'art de tirer parti d'un autre et de se prévaloir de nos propres avantages.

On ne sait pas assez combien cette adresse es femmes nous est utile à nous-mêmes, com-en elle ajoute de charme à la société des deux xes, combien elle contient de maris brutaux, ombien elle maintient de bons ménages que discorde troublerait,

Les femmes artificieuses en abusent, on le ait bien, mais de quoi le vice n'abuse-t-il pas ?

Ne détruisons pas les instruments du bon-eur parce que les méchants s'en servent quel-uefois à nuire.

Laissons la femme agir avec sa diplomatie ompliquée, et si elle aime, nous en aurons ut le bénéfice.

Combien de maris maladroits ont été cause ue des querelles futiles se sont envenimées, our n'avoir pas voulu se prêter à l'innocente omédie que jouait la femme dans l'espoir 'une réconciliation !

Pourquoi leur montrer brutalement qu'on es devine ?

N'est-ce pas délicieux au contraire de suivre e manège qui tend au rapprochement, et ne ont-elles donc pas bien douces ces minutes ui suivent le mutuel pardon ?

N'est-ce pas comme une nouvelle prise de ossession, cette étreinte qui accompagne le aiser revenu amenant avec elle comme un enouveau de la lune de miel ?

Mais ce sont là au contraire des incidents heureux pour l'Amour, à la condition de ne pas les laisser dépasser une certaine limite. C'est le souffle qui ravive parfois un feu prêt à s'éteindre, c'est un événement qui vient rompre à propos la monotonie d'une vie trop calme dans son bonheur.

Et si l'on cherchait bien, on découvrirait certainement, chez la femme surtout, que le motif de la querelle survenue a été par elle savamment amené, préludant ainsi à une réconciliation qu'elle sait bien faire certaine et dont elle est la première à goûter les doux effets.

Tous les hommes sont accessibles au pouvoir de la persuasion lorsqu'une femme sait l'employer avec adresse, et presque tous sont en état de lui résister lorsqu'elle veut employer la force.

C'est une abeille qui veut piquer sans aiguillon.

Nous pourrions citer une infinité de femmes qui ont gouverné les hommes avec de la douceur et de la persuasion, mais nous défions l'histoire de nous en citer une seule qui ait pris de l'ascendant sur un homme de bon sens par des criailleries, ou en faisant ouvertement des efforts pour usurper la supériorité.

L'OREILLER

XXVII

Nous abordons dans ce chapitre une question fort délicate et qui a déja soulevé bien des controverses. — Quelle doit être dans l'intimité la nature des rapports entre époux ?

En général, dit à ce sujet Dessères de la Tour, ce n'est pas du choix d'une femme que dépend le bonheur du mari, c'est de la manière dont il se conduit avec elle dès le premier instant. A peine il quitte l'autel qu'il doit commencer sur la mère future l'essai d'éducation qu'il donnera un jour à ses enfants : une fermeté noble, une sage complaisance sont la base de ce grand ouvrage. Une femme, quelque impérieuse qu'elle puisse être, reconnaîtra toujours l'ascendant de l'homme sur elle ; c'est de cet ascendant qu'il faut profiter sans le faire apercevoir.

Le premier soin d'un homme prudent est de

n'admettre chez lui qu'une société agréable
mais honnête ; il faut que tout ce qui l'environne respire la décence et les mœurs ; qu'il
en donne lui-même l'exemple ; que, sagement
économe de son temps, il invite sa femme aux
occupations de son sexe ; qu'il la prévienne
dans ses désirs honnêtes et lui procure les
plaisirs de son état ; qu'il devienne son meilleur ami ; qu'il ne l'obsède point, mais dans les
commencements, qu'il l'observe ; que surtout
il lui rende sa maison si agréable qu'elle ne se
trouve nulle part aussi bien que chez elle.

Quand les époux en seront venus là, le
reste va de soi-même. Les enfants naissent et
se succèdent ; les soins intérieurs se multi-
plient ; les liens de l'union se resserrent ; la
confiance règne dans le cœur des époux ; l'âge
dangereux s'évanouit, la raison arrive à pas
lents, mais enfin elle arrive ; le devoir se transforme en habitude ; l'éducation des enfants se
subsitue agréablement aux plaisirs dont le goût
se passe, le soin de leur établissement intéresse et occupe. Cependant les années s'ac-
cumulent, l'estime et une sorte de vénération
réciproque remplacent des sentiments plus
vifs, et c'est là le seul secret de se faire aimer
de sa femme.

Voilà la formule du ménage *pot-au-feu*.
Écoutons maintenant Aimé Martin.

L'éducation que la plupart des maris donnent aujourd'hui à leurs femmes est un spectacle que je voudrais mettre sous les yeux de toutes les mères.

Cette jeune fille sans expérience, presque sans idées, que vous livrez à un homme qu'elle connaît à peine, si elle est jolie, passe, en quelques heures, de la soumission à la souveraineté, du calme de l'âme aux délices des sens.

Son mari s'énivre de ses caresses, il est amoureux, il est jaloux, il est forcené ! Le voilà qui travaille à détruire à la fois et l'innocence de sa femme et toutes ses affections, à l'isoler du monde, à l'isoler même de sa mère. Il y travaille avec fureur, sans se douter du mal qu'il se fait à lui-même. L'effervescence qui l'enivre et qui trouble sa raison ne se manifeste que par l'extravagance et la frénésie.

Oh ! il est prêt à se ruiner pour elle, à lui donner sa vie et son honneur ! Ce n'est pas une compagne, c'est une idole ; c'est une maîtresse, une fille d'opéra, qu'on couvre de cachemires, qu'on insulte, qu'on adore, qu'on prie et dont on se rassasie.

La jeune femme, incapable de connaître ce qu'il y a d'humiliation dans ces passions brutales, sourit de son triomphe et s'habitue à ces émotions fortes qui vont bientôt lui échapper.

Encore si les hommages rendus à sa beauté ne flétrissaient que son innocence! Mais, ce n'est pas assez de la flétrir, l'insensé s'occupe de la corrompre. Le voilà qui raconte ses succès, vrais ou faux, auprès de certaines femmes, les aventures des beautés les plus célèbres. Il empreint cette âme si pure de mille honteuses images; il lui montre partout le vice aimable et couronné; les bals, les spectacles, les promenades ne sont pour elle qu'un cercle de scandale. D'abord la jeune femme rougit de ces étranges confidences; mais sa curiosité s'éveille; les récits sont joyeux, on leur donne un tour original, à cette heure ils servent d'amusement; plus tard, ils serviront d'excuse. Mari stupide! Il endoctrine sa femme comme si en la recevant des mains d'une mère, il se fût aperçu que la lecture des *Contes* de La Fontaine manquait à son éducation.

Mais nous approchons du dénouement; les premiers actes du drame sont joués et toutes les scènes qui le composent vont se perdre dans la même catastrophe. Aux soupirs de l'amour succéderont bientôt les cris du désespoir.

La passion du mari est usée, les illusions

de la femme s'évanouissent : cette femme dont il a fait une maîtresse, cette femme dont il n'a vu que la beauté, cette femme qu'il a flétrie, dépravée, idolâtrée, dont il adorait les caprices, dont il irritait les passions ; cette femme qu'il enivrait d'adulations et de voluptés, il n'en veut plus, il en est dégoûté. Hier encore, il la couvrait de diamants ; aujourd'hui, il se plaint de son désordre, il parle d'économie ; ce n'est plus pour lui qu'une ménagère, une chambrière, un être bon à prendre les ordres du maître et à compter avec les domestiques.

Entre ces deux modes d'éducation, si diamétralement opposés, ne reste-t-il pas place pour un moyen terme ?

Certainement, à notre avis. Sans pour cela condamner la femme à une sorte de claustration au domicile conjugal et à l'ignorance complète de certains plaisirs ; sans, d'un autre côté, la lancer à corps perdu dans le tourbillon de la vie à outrance, il nous semble possible qu'un mari intelligent doit trouver à la fois dans sa femme l'épouse et la maîtresse.

A lui d'agir avec assez de tact et d'à-propos pour éviter à sa compagne la tentation d'aller chercher ailleurs une satisfaction à certaines curiosités.

Il devra s'efforcer, en véritable Protée, de lui offrir son mérite toujours sous une nouvelle face, afin que le penchant du sexe pour la nouveauté n'ait pas besoin pour se renseigner de chercher un autre éducateur.

S'il n'a pas l'art de se diversifier, il pourra peut-être se procurer une estime constante, mais il ne s'attirera pas longtemps l'amour.

Cette passion consiste dans une agitation continuelle qui, faute d'être entretenue, est bientôt suivie d'une indifférence léthargique. Le sérieux surtout d'un mari retranché dans sa belle passion ne peut que dégoûter une personne naturellement enjouée, dont l'amour veut d'ordinaire du plaisir et en tire sa nourriture.

D'austères moralistes prêchent bien haut que le mari doit respecter sa femme, mais ils ne s'expliquent pas sur ce qu'ils entendent par ce respect.

Dans le ménage surtout, dans cette vie en commun de tous les instants, tout autre sentiment doit disparaître devant l'Amour, et la meilleure façon de respecter sa femme, c'est de l'aimer et de lui faire connaître l'Amour sous toutes ses formes, et en graduant l'éducation, de sorte que, pour elle, chaque jour amène une surprise nouvelle, et qu'elle attende avec impatience le baiser du lendemain pour voir s'il ressemblera à celui de la veille.

Et que l'on ne fasse pas intervenir ici une raison de pudeur!

« La pudeur, a dit Montesquieu, sied bien à tout le monde, mais il faut savoir la vaincre sans jamais la perdre. »

Du reste, la femme qui aime, qui se sent aimée, n'a jamais de ces révoltes de pudeur qui caractérisent la prude.

Pour elle, tout disparaît devant celui qu'elle aime ; ce qu'il fait est toujours bien, et elle se montre toujours une élève docile quand l'enseignement est bien présenté.

Peut-être aura-t-elle devant l'audace de certaines caresses une vague appréhension, mais jamais ce ne sera de la répugnance ; et tout au contraire, elle s'appliquera d'elle-même à se présenter, elle aussi, à son mari sous des formes plus attrayantes et nouvelles.

Perdra-t-elle pour cela, à l'égard de son mari, le sentiment d'estime morale que comporte avec lui tout amour sérieux ? Bien au contraire, et à ce sentiment viendra plutôt se joindre une sorte de reconnaissance pour le bonheur éprouvé et les joies ressenties.

Si dans le mariage il y a le côté *devoirs*, il y a aussi le côté *plaisirs*, et il faut que la balance penche plutôt vers le dernier que l'autre.

On peut être parfaitement pour le monde *mari* et *femme*, mais, passé le seuil de l'alcôve, il ne doit plus rester en présence que l'amant et la maîtresse, tout à leur Amour.

Et cette passion toujours alimentée par des éléments nouveaux prépare admirablement le terrain à l'amitié qui suivra, à l'heure où les sens calmés passeront au second plan, pour laisser la place à des sentiments moins violents, mais aussi doux.

XXVIII·

ÉPOUSE ET MÈRE

L'amour maternel est certainement le plus violent et le plus exclusif des sentiments que puisse ressentir la femme, et l'on serait porté à croire que, dès qu'elle devient mère, l'épouse va chasser de son cœur tout ce qui l'occupe, pour laisser toute la place à l'enfant qu'elle a conçu.

Ceci peut être vrai pour la femme qui s'est mariée sans amour, ou qui, pour des raisons quelconques, a cessé d'aimer son mari.

Celle-là, oui, reporte entièrement sur l'enfant tous les trésors d'affection qui sont en elle, elle trouve enfin à donner satisfaction à son besoin d'aimer. Et dans ces mariages, en effet, l'enfant, pour la femme, devient tout, et le mari s'efface complètement alors de sa pensée.

Mais pour la femme qui aime, au contraire,

la maternité vient encore redoubler son amour pour celui qui lui a procuré cette joie. Quelle tendresse émue, quel accent de reconnaissance dans l'aveu qu'elle fait timidement de son nouvel état !

A peine a-t-elle constaté les premières manifestations de la vie nouvelle qui s'agite en elle, qu'elle se sent l'âme en joie.

Ne va-t-elle pas posséder bientôt une preuve vivante de l'amour qu'elle ressent, qu'elle a su inspirer ?

Son mari, cet homme qu'elle adore, revit en elle et, dès ce moment, si son cœur se partage, son amour se double, car elle ne prend rien sur son premier amour pour le petit être attendu, et elle lui fait la part aussi large.

Quelle douce période, pour des époux qui s'aiment, que celle qui précède la naissance du chérubin !

Avec quelle tendre inquiétude le mari veille sur la compagne qui porte en elle le trésor déjà si cher !

Avec quelles amoureuses paroles il console la jeune mère de la disparition momentanée de ses charmes, comme ses caresses se font plus vives dans un besoin de la rassurer !

Quelles attendrisantes et longues causeries sur l'éternel sujet !

Avec quelle jalouse sollicitude on s'occupe

déjà du bien-être matériel de la petite créature qui va naître !

La coquetterie de la mère se reporte sur l'enfant ; elle le veut beau, elle le veut paré, elle se considère en quelque sorte comme responsable vis-à-vis de celui qui le lui a donné.

Mais voici qu'agit la nature, la jeune femme, en proie aux atroces douleurs de l'enfantement, a des plaintes et des cris ; mais, dans les acalmies que lui laissent les souffrances physiques, elle a un pâle sourire pour l'homme inquiet qui, penché, anxieux, sur son lit de patiente, serre dans sa main, qu'agite et fait trembler une émotion intense, la petite main crispée qui voudrait se faire vaillante.

Ce n'est pas la femme qui aime, qui, tout entière aux douleurs qu'elle ressent, maudit à la fois et la cause innocente de ce qu'elle souffre et celui qui en est le premier auteur !

Mais encore un instant, un suprême effort, et presque instantanément, c'est la joie et le contentement qui se lisent sur ce visage que déformait la douleur, et c'est un cri de bonheur qui répond au premier vagissement.

Comme elles sont vite oubliées, les heures cruelles qui viennent de se passer ! Et souriante, heureuse sous les baisers de l'époux rassuré, il semble à la jeune mère que s'ouvre pour elle une vie nouvelle.

Sa maternité lui apparaît comme la consécration suprême de son amour, et le lien qui l'unissait à celui qu'elle aime semble s'être resserré avec une force telle que rien jamais ne pourra plus le rompre.

Dans son enfant, la femme aimante retrouve bien vite non seulement les traits, mais encore l'embryon des qualités morales de l'époux ; il semble que celui-ci se soit dédoublé, et elle se plaît, dans son imagination, à parer le bébé qui déjà, semble-t-il, lui sourit, de toutes les perfections qui l'ont séduite elle-même chez son mari.

L'amour maternel est peut-être un instinct, mais il faut reconnaître que certaines circonstances peuvent encore compléter cet amour et l'ennoblir.

Telle compagne d'un homme en vue soit dans les arts, soit dans les lettres, soit dans la politique, soit dans l'armée, cette épouse, si tendrement orgueilleuse de la réputation et de la gloire de l'époux, désirera que son fils marche un jour sur ses traces, et elle songe avec fierté que c'est à elle d'abord que sera confié le soin de semer dans ce jeune cœur le germe des sentiments et des opinions dont un père éclairé lui destine l'héritage.

On conçoit mal un ménage sans enfant, fût-il présidé par un amour sincère.

L'instinct de la maternité est si vif chez la femme, qu'un sentiment pénible ne tarde pas à jeter un voile sur son amour, et même dans l'ardeur des étreintes, une préoccupation survit : celle de voir consacrer sa passion par un résultat.

Elle appelle de tous ses vœux la maternité et elle s'inquiète peu des souffrances qui l'accompagnent.

Qu'est-ce qu'un instant de douleur au prix du bonheur qu'elle entrevoit ?

Et, du reste, l'Amour n'a-t-il pas cette puissance de galvaniser en quelque sorte la femme et de lui faire supporter avec un courage, dont peu d'hommes seraient capables, les affres de l'enfantement ?

Pour l'épouse aimante, l'enfant apporte avec lui, non pas une charge ni une cause de soucis, mais la joie pure et sans mélange.

Elle est toute prête, avec une abnégation dont elle trouve la source dans l'amour maternel joint à l'amour conjugal, à se sacrifier elle-même pour épargner à son mari les côtés quelquefois pénibles de la paternité.

Elle sait ne rien dérober pour l'enfant de ce qu'elle doit au mari, et celui-ci retrouve bien vite dans la mère l'épouse d'autrefois.

Avec une ingéniosité qu'elle puise dans les ressources inépuisables de son amour, elle se sert de l'enfant, au contraire, pour s'attacher plus vivement encore son époux.

C'est à lui qu'elle reporte les éloges que 'on fait du bébé : s'il est beau, s'il est fort, 'est à son père qu'il le doit ; la mère s'efface, heureuse de rester dans l'ombre, et faisant passer en toutes circonstance son amour devant sa vanité naturelle de mère.

C'est pour qu'il sourie à son père qu'elle apprend le sourire à l'enfant, et c'est avec une joie réelle qu'elle se dépense et s'efforce pour amener sur les lèvres hésitantes du bébé ces deux syllabes ? *pa-pa*, tout heureuse et toute fière quand ce mot est le premier qu'il prononce.

XXIX

ÉPOUSE ET COMPAGNE

Cependant l'âge est venu, la famille s'es
augmentée ; les devoirs se font plus absorbant
et c'est alors que, dans un ménage réellemen
uni par l'Amour, la femme devient la compa
gne idéale de l'homme, un autre lui-même, s
moitié.

La passion des premières années s'est trans
formée en une amitié solide contre laquelle
rien ne prévaut.

Ayant toujours rencontré chez l'homme
aimé les mêmes sentiments d'affection dan
toutes les phases de sa vie, la femme a pou
l'époux une sorte de culte, de religion, qu'elle
se fait un plaisir d'enseigner elle-même au
enfants.

C'est elle qui profite des moindres cir
constances pour leur inculquer l'amour d
père.

A lui, elle rapporte tout ce qui survient de favorable dans la famille.

Elle tire parti de toutes les occasions, fêtes, anniversaires, pour mettre en communion plus directe le père et les enfants, et de son amour passé, elle garde de si doux souvenirs qu'elle se réjouit de le voir renaître sous une autre forme dans le cœur de ses fils et de ses filles.

Pour les deux époux, cette époque est aussi la période de nouvelles tendresses, et si les caresses échangées n'ont plus la maternité pour but, elles n'en sont pas moins vives et elles gagnent encore en douceur de ce qu'elles doivent être plus discrètes.

Pour les enfants, il est nécessaire de conserver une certaine réserve et il peut sembler aux époux qu'ils sont revenus au premier temps de leur amour, aux baisers furtivement dérobés, aux serrements de mains rapides, aux regards prometteurs, aux demi-mots pleins d'une si douce et mystérieuse poésie.

De là deux attitudes bien distinctes : la vie devant la famille, la vie dans l'intimité.

Et comme il est doux, après le devoir accompli, de se retrouver ensemble dans le tête-à-tête d'autrefois, éternels amants, voulant épuiser la coupe d'Amour jusqu'à sa dernière goutte.

Quel trésor, n'est-ce pas, pour un homme, qu'une femme aimante ?

N'est-il pas certain de trouver, toujours prêt, un dévouement à toute épreuve et ne peut-il pas affronter sans crainte les événements les plus funestes, chagrins, revers de fortune ? La femme partage tout, sans récriminations, avec un stoïcisme, une grandeur d'âme, toujours à la hauteur de la mission qu'elle s'est imposée, qu'elle a acceptée avec toutes ses conséquences.

C'est elle qui passe de longues nuits au chevet de l'époux qu'a terrassé la maladie, c'est elle qui soutient son courage dans les moments difficiles, c'est elle encore souvent qui, par son énergie, rétablit une situation désespérée à l'aide des ressources de son esprit surexcité par le besoin de se dévouer.

Et quelle joie si elle parvient à reconquérir une position presque perdue, si par son aide, la famille, prête à sombrer, reprend sa place dans la vie ! Avec quelle abnégation elle s'efface pour en laisser toute la gloire à l'époux !

Ne sait-elle pas qu'elle en sera récompensée par une recrudescence d'Amour, et c'est là le seul salaire qu'il lui plaise d'accepter.

Les années passent vite quand on s'aime, et la transition entre l'âge mûr et la vieillesse est presque insensible.

Si les baisers sont moins ardents, ce sont toujours des baisers qui conservent encore la saveur subtile et persistante des baisers de jadis.

S'ils se font plus chastes, ils n'en sont pas moins doux et conservent toujours un prix inestimable.

L'Amour survit et renaît dans les enfants grandis. On se retrouve l'un et l'autre dans le fils, dans la fille, à l'époque heureuse où l'on avait leur âge, et, dans une sorte de mirage, l'existence d'autrefois semble se recommencer dans la génération nouvelle.

C'est elle, lorsque la mort frappera au seuil désolé, qui fermera ses yeux sous ses baisers, s'il part le premier. C'est dans ses bras qu'elle s'éteindra, si c'est elle que la mort appelle, et elle ne lui dira point : Adieu ! mais : Au revoir... là-haut !

Saint-Paul a écrit qu'une femme est liée tant que son mari est vivant ; mais quand il est mort, elle est dégagée et peut se remarier quand quand il lui plaît.

« Mais, ajoute l'écrivain religieux, elle sera plus heureuse si elle demeure veuve. »

La femme qui a réellement aimé n'a pas besoin qu'on lui conseille sa conduite si elle vient à perdre son époux.

Un autre pourrait-il lui rendre avec la même

intensité les délicieuses sensations éprouvées ? Non, puisque elle ne les a ressenties ainsi que parce qu'elles émanaient de celui qu'elle aimait.

Elle restra éternellement fidèle au cher souvenir du disparu et continuera même, vis-à-vis de l'implacable mort, sa tradition d'amour, son culte pour l'homme qui fut toute sa vie.

N'a-t-elle pas, du reste, dans ses enfants, des portraits vivants de son mari ; ne le retrouve-t-elle pas en eux ?

Et son amour survit sans une défaillance jusqu'au jour où elle-même va rejoindre dans l'éternité le compagnon de son existence !

FIN

Table des Matières

FIN DE LA TABLE

Imprimerie de Poissy — S. LEJAY et Fils.

CATALOGUE GÉNÉRAL

DE LA

LIBRAIRIE P. FORT

19, Rue du Temple, 19, PARIS

OUVRAGES DOCUMENTÉS

ET D'UNE RENOMMÉE UNIVERSELLE

SUR LA PROSTITUTION

PREMIER VOLUME :

LA PROSTITUTION A PARIS

PAR LE

Docteur PARENT-DUCHATELET

Agrégé à la Faculté de Paris

MÉDECIN EN CHEF DE LA PRISON SAINT-LAZARE

Professeur de Clinique à l'Hôpital de la Pitié

MEMBRE DE L'ACADÉMIE DE MÉDECINE

Vice-Président du Conseil de Salubrité de la Ville de Paris

Étude impartiale faite sous le triple rapport de la Santé publique, la Morale, l'Administration, et appuyée de nombreux documents puisés dans les archives de la Préfecture de Police.

Cette nouvelle édition du célèbre ouvrage de PARENT-DUCHATELET, son chef-d'œuvre, forme un beau et fort volume (in-18 jésus), du plus haut intérêt. La réputation de cette puissante étude si vraie, si fouillée, n'est plus à faire : on sait que personne n'a traité avec autant de talent la délicate question de la prostitution, telle qu'elle existe de nos jours dans la capitale française. Mieux que personne, d'ailleurs, l'illustre et savant auteur a pu parler avec compétence du monde si complexe des prostituées et des proxénètes, en raison de sa situation toute spéciale qui l'a mis à même de tout connaître et de tout examiner de près. Au surplus, PARENT-DUCHATELET est non seulement un observateur de premier ordre, à qui rien n'échappe, mais encore il conte agréablement des anecdotes dans ce volume, il expose les faits, il explique tout avec autant d'esprit que de bonté; et si son immortel ouvrage ne doit pas, bien entendu, être mis dans les mains des jeunes gens, du moins il peut être lu par les plus honnêtes mères de famille, sans qu'elles en soient heurtées.

DEUXIÈME VOLUME

LA SYPHILIS

ET LES AUTRES MALADIES VÉNÉRIENNES
CHEZ LES PROSTITUÉES DE PARIS

PAR LE

Docteur PARENT-DUCHATELET

Sous ce titre **VÉNUS DEVANT ESCULAPE**, le docteur GRANDIER-MOREL a écrit, comme préface à cette nouvelle édition, une étude des plus complètes et de la plus saisissante actualité. Avec statistiques à l'appui, la marche de l'affreuse syphilis est montrée croissante ou décroissante, selon que la surveillance de la prostitution se relâche ou est rétablie dans les États qui ont fait cette triste expérience. De nombreuses pages, qu'on ne peut lire sans une émotion poignante, sont consacrées aux innocentes victimes de la syphilis, aux ravages du fléau dans les familles aux mœurs les plus pures, ce terrible mal étant contagieux en dehors des rapports sexuels. Ce livre est donc une œuvre de bien, de haute moralité, avec toute la liberté de style qui est le privilège de la science médicale, laquelle sait toujours demeurer chaste, même en appelant les choses honteuses par leur nom. En passant, les divers incidents qui ont été reprochés à la police sanitaire, sont exposés impartialement, dans tous les détails, et le lecteur peut juger ainsi qui a tort et qui a raison :

La Vierge du lupanar de Rueil; l'affaire Lucie Pernage; l'affaire Eugénie Lantru; l'affaire Marie de Sébastiani, etc., etc.

Prix...................... 2 fr. 50

TROISIÈME VOLUME

LE PÉLERIN DE CYTHÈRE

VOYAGES D'ÉTUDE PHYSIOLOGIQUE

CHEZ LES PROSTITUÉES DES PRINCIPAUX PAYS DU GLOBE

Extraits et résumé de la relation encore inédite des voyages effectués de 1885 à 1897, tour du monde par l'explorateur V. GUILBERT DE PRÉVAL recueillis et publiés avec son autorisation

PAR LE

Docteur GRANDIER-MOREL, ancien Médecin de la Marine.

Il est peu d'ouvrages d'un intérêt aussi vif. En tout cas, aucun n'est semblable à celui-ci; car personne ne pouvait entreprendre le tour du monde de la prostitution contemporaine, si ce n'est M. Victor Guilbert de Préval, le petit-fils du fameux docteurégent de la Faculté de médecine de Paris, qui, après avoir découvert la prophylaxie de la syphilis, garda son secret, à la uite des persécutions dont il fut l'objet. Grâce à ce secret de amille, M. Guilbert de Préval a pu affronter tous les dangers ue présente Vénus galante; aussi son exploration est-elle unique ans les fastes de l'humanité.

Toutes les prostitutions ont été étudiées de près par lui, même elle des régions boréales; un chapitre entier est consacré, en ffet, à la prostitution hospitalière des Esquimaux, ces représen-ants de la race humaine qui habitent le plus près du pôle Nord.

La plus stricte impartialité inspire ces pages, et les vices pro-estants de Londres et de Berlin sont entièrement démasqués, omme la débauche catholique de Rome.

hacun de ces trois ouvrages, beau volume de 360 pages, est expédié franco par la poste, en paquet recommandé, contre mandat de 2 fr. 50.

OUVRAGES DE SCIENCE SPÉCIALE

e **Kama Soutra**, ou *Règles de l'Amour* du Vatsyayana (morale des Brahmanes), livre secret de théologie hindoue, traduit par E. LAMAIRESSE, ancien ingénieur en chef des établisse-ments français dans l'Inde. Beau volume in-8 grand raisin, de 296 pages.. 6 fr. »

e **Prem Sagar**, ou *l'Océan d'Amour*, autre livre secret de théo-logie hindoue, traduit par E. LAMAIRESSE. Beau volume in-8 grand raisin, de 400 pages........................... 6 fr. »

Ktab, ou *Lois secrètes de l'Amour*, d'après le Kodja Omer Haleby, habou Othman; livre secret de théologie musulmane, traduit avec commentaires par Paul de RÉGLA. Beau volume in-8 grand raisin, de 288 pages...................... 6 fr. »

auzat-us-Safa, ou *le Jardin de Pureté*, constituant la Bible de l'Islam (ne pas confondre avec le Coran), histoire sainte selon la foi musulmane, autre livre secret de théologie musulmane, exclusivement réservé aux prêtres de la religion de Mahomet, par MIRKHOND, auteur sacré de la Perse, traduit par E. LA-MAIRESSE. Beau vol. in-8 grand raisin de 360 pages. 6 fr. »

es 4 volumes sont en vente. Envoi recommandé de chaque volume contre mandat-poste de SEPT FRANCS.

SPÉCIALITÉS MÉDICALES

OUVRAGES DU Dr GARNIER

Le Mariage, dans ses devoirs, ses rapports et ses effets conjugaux. 15e édition. 1 volume avec figures .... 3 fr. 50

> Ce Code des mariés, en indiquant toutes les conditions sanitaires, les règles hygiéniques et les lois morales à observer pour vivre unis et en bonne santé, offre donc le plus haut intérêt pour tous ceux qui se préoccupent d'être heureux et d'avoir une progéniture saine et robuste.

La Génération universelle, lois, secrets et mystères, chez l'homme et chez la femme. 7e édition très augmentée. 1 vol. avec figures .... 3 fr. 50

> Ce livre s'adresse à tous, par ses renseignements utiles et intéressants. L'homme des champs, comme le naturaliste et le philosophe, y trouvera la réfutation et la critique des systèmes matérialistes en vogue.

L'Impuissance morale et physique chez les deux sexes, causes, signes, remèdes. 7e édition refondue. 1 volume avec figures... 3 fr. 50

> L'impuissance s'y trouve décrite sous toutes ses formes.

La Stérilité humaine et l'Hermaphrodisme. 4e édition. 1 vol. avec figures..................................... 3 fr. 50

Onanisme, seul et à deux, sous toutes ses formes et leurs conséquences. 9e édition, refondue et augmentée d'une forme inédite, avec 130 observations.................... 3 fr. 50

Anomalies sexuelles apparentes et cachées par aberration physique ou morale. 2e édition. 1 vol. de 544 pages, avec 230 observations.................................. 3 fr. 50

Le Mal d'amour, contagion, préservatifs et remèdes. 3e édit. 1 vol. de 404 pages et 112 observations............ 3 fr. 50

Epuisement nerveux génital (Neurasthénie sexuelle), signes et dangers, hygiène et traitement, avec 152 observations et une planche .... 3 fr. 50

L'Onanisme. Les maladies produites par la masturbation, par TISSOT, docteur-médecin. 1 vol. in-18............. 2 fr.

Traité pratique des Maladies des voies urinaires et des organes générateurs de l'homme, par le docteur Em. JOZAN. 21e édition refondue, illustrée de 355 fig. d'anatomie et 16 planches chromolithographiques, 29 fig. 1 vol. in-18.... 5 fr.

Traité complet des Maladies des femmes, par LE MÊME. Illustré de 205 figures d'anatomie. 9e édition. 1 volume in-18.. 5 fr.

D'une cause fréquente et peu connue d'épuisement prématuré. Traité pratique des pertes séminales, choix d'observations de guérisons, par LE MÊME. 9e édition. 1 volume in 18.. 5 fr. »

Sécurité complète en amour, Impuissances et stérilité vaincues, par le Docteur HELVÉSIUS. Volume poursuivi par la 1re Chambre du Tribunal de la Seine, à Paris, le 24 février et 2 mars 1897.. 3 fr. 50

Amour et Sécurité. 50e mille, par le Docteur BRENNUS, 1 vol., a été poursuivi en Cour d'assises de Paris............ 3 fr. »

L'Avortement, par le Docteur Brennus. 1 volume.... 4 fr. »

Collection Anti-Cléricale.

La Bibl. Amusante, par Léo TAXIL, avec *quatre cents* dessins comiques de FRID RICK............................ 5 fr. »

Cet ouvrage célèbre est mis en vente sous forme de grande édition, format in-octavo écu, beau volume de 8 4 pages. En dehors de 400 spirituels dessins qui sont, à eux seuls, une critique aussi joyeuse que complète des divers épisodes bibliques, cette édition contient un texte très développé (VINGT MILLE LIGNES), comprenant les citations TEXTUELLES de l'Écriture sainte (avec indication des versets) et reproduisant toutes les réfutations opposées par Voltaire, Fréret, lord Bollingbroke, Toland et autres savants philosophes. Cette œuvre est considérable, où l'auteur s'efface derrière tous les illustres critiques, en groupant tous leurs arguments et en les complétant par ses observations personnelles, est d'une importance capitale qui n'échappera à personne. C'est là un travail tout à fait nouveau, des plus instructifs, en même temps que d'une lecture agréable.

La Vie de Jésus, par Léo TAXIL. Un fort volume illustré de 50 dessins comiques, du célèbre caricaturiste PÉPIN. Même format que la *Bible Amusante*, et son pendant, pour toute bibliothèque philosophique............................ 4 fr. »

De l'avis général, cet ouvrage est le chef-d'œuvre du joyeux écrivain; sa verve y est intarissable : mais, à côté de chaque plaisanterie hloqueuse, se trouve la démonstration, à la fois sagace et érudite, des contradictions et des bourdes commises par les inventeurs et exploiteurs du mytho Jésus-Christ. On s'instruit en s'amusant : Léo Taxil vous fait toucher du doigt la bêtise de chaque légende, en citant avec précision les chapitres et les versets de l'Évangile; si bien qu'on découvre gaiement avec lui tout le côté grotesque de chaque dogme, toutes les impossibilités des prétendus faits miraculeux ou soi-disant historiques, imaginés par les prêtres, et l'on s'étonne du degré d'abrutissement des pauvres dupes qui peuvent croire à ces sornettes religieuses, aussi immorales que stupides. On ne saurait trop recommander cet ouvrage, qui est excellent pour la propagande.

Les Livres secrets des Confesseurs, dévoilés aux Pères de famille, par Léo Taxil .... 2 fr. »

> Cet ouvrage reproduit les principaux livres et manuels qui sont en usage dans les grands séminaires et au moyen desquels les jeunes abbés s'instruisent des questions les plus délicates. Ce sont ces manuels secrets, ayant pour auteurs : le R. P. Debreyne, Mgr Bouvier, Mgr Claret, etc., que les évêques ont toujours dérobés à la vigilance des gouvernements ; car ces livres sont la preuve flagrante de l'enseignement abominable des séminaires et de l'horrible immoralité du confessionnal.

Le Capucin enflammé, roman comique par le R. P. Alleluia, de l'Ordre de la Sainte-Rigolade. 1 volume illustré. 3 fr. 50

Le Couvent de Gomorrhe, par Jacques Souffrance, roman historique. Mœurs abominables et mystères horribles des communautés religieuses. Illustré..................... 3 fr. 50

Le Moine incestueux, orgie des couvents, par Edmond Ploert. Un volume illustré......................... 3 fr. 50

Lettres amoureuses d'un Ignorantin à son élève. La mère en défendra la lecture à sa fille, et même le père à son fils. Un volume... 2 fr. »

La Belle Dévote, par Jean Vindex, roman passionnel ; couverture illustrée par Jack Abeillé..................... 3 fr. 50

Confession d'un Confesseur, par Gustave Ethber. A tous les maris ! A tous les pères de famille ! Qui veut faire l'ange, fait la bête. Un beau volume illustré..................... 3 fr. 50

Les Amours d'un Supérieur de Séminaire, par Achille Le Roy. Un volume illustré......................... 3 fr. 50

L'Alcôve du Cardinal, par Jean Vindex. Un fort volume illustré de nombreux dessins, dans lequel l'auteur dévoile toutes les turpitudes et les mensonges du clergé ; couverture illustrée en couleurs... 3 fr. 50

Les Débauches d'un Confesseur, par Jean Pauper, suivies des **Galanteries de la Bible,** par Evariste Parny. Fort volume illustré par Lacarrière, couverture coloriée........ 3 fr. 50

Les Amours secrètes de Pie IX, nouvelle édition de ce célèbre ouvrage, publié par Léo Taxil, avec illustrations, quarante belles gravures sur bois. Cette édition, véritablement exceptionnelle, est faite en un magnifique volume de 400 pages in-octavo (grand format, 23 centimètres de hauteur sur 15 de largeur).. 3 fr. »

L'Amoureuse Chasteté, par F. Hauser. Un volume. 3 fr. 50

> Roman d'amour dans toute l'acception du mot, toutes les femmes voudront lire ce beau livre et rester sous le charme qui se dégage de sa lecture.

LUNE DE MIEL

ROMANS DE MŒURS et D'AMOUR

Les Amours de Napoléon III, mémoires justement célèbres de Marguerite BELLANGER, sa maîtresse............. 3 fr. 50

Les Amours du Chevalier de Faublas, l'immortel chef-d'œuvre de LOUVET DE COUVRAY. Réimpression complète conforme à l'édition de 1787. Illustré de nombreux dessins inédits, couverture en couleurs. Complet en 3 vol. Ensemble.. 3 fr. •

Amours et Aventures de Casanova, nouvelle édition en un vol. illustré; belle impression; gravures artistiques. 3 fr. 50

Il ne s'agit pas ici d'un roman, mais des mémoires authentiques d'un aventurier des plus fameux. C'est une vie d'extravagances libertines, dont le récit jette un jour étrange sur une époque presque aussi dissolue que le temps des Tibère et des Héliogabale. Joueur et spadassin, Casanova avait auprès des femmes des qualités étonnantes, a dit Jules Janin ; il les aimait toutes, en roulant de vices en vice, et souvent côtoyant le crime. Don Juan, malgré sa liste célèbre de conquêtes, est terriblement dépassé par ce drôle cynique, parasite d'une société pourrie. Ses MÉMOIRES sont un vrai document.

L'Amour à Paris, par Jules DAVRAY, un volume in-18 de 220 pages avec 20 dessins de L. VALLET de la *Vie Parisienne*, de José ROY et de FORAIN. Curieux volume donnant des aperçus inconnus sur la vie des femmes galantes à Paris, couverture illustrée et coloriée................................ 3 fr. 50

L'Armée du Vice, par Jules DAVRAY, un volume in-18 Jésus, illustré de nombreux dessins par nos meilleurs artistes. Superbe volume de l'auteur de *l'Amour à Paris*, donnant tout les renseignements sur le vice et ses pratiques, ses prêtres et ses prêtresses, documents rares et inédits.......... 3 fr. 50

Les Vierges fin-de-siècle, par Jean BRUNO. Un beau volume de 370 pages, couverture en couleur par LACARRIÈRE. 3 fr. 50

La Jolie Faubourienne, par Charles BÉRARD, beau volume de 252 pages, illustré de douze compositions et de nombreux dessins inédits... 3 fr. 50

Les Prostituées du Trône, grand roman historique de cape et d'épée, par Emile LAUMONT...................... 3 fr. 50

Madame Mathurin, par Jérôme MONTI. Œuvre de haute vapeur littéraire, qui fit grand bruit lors de son apparition, il y aura bientôt dix ans, et poursuivie devant la Cour d'assises de la Seine.. 3 fr. 50

Croquis du Vice, par G. BRANDIMBOURG. Ce beau volume, dont la couverture est de STEINLEN, contient en outre une composition de HEIDBRINCK. Nombreuses illustrations par RADIGUET, D'ESPAGNAT et D. MULLET.......................... 3 fr. 50

Babylone d'Allemagne, (*Mœurs berlinoises*), par Victor JOZE. Un volume illustré de nombreux dessins de BAC, LUBIN DE BEAUVAIS, etc., couverture en couleurs de TOULOUSE-LAUTREC.. 3 fr. 50

L'Amour en Visite, par Alfred JARRY, roman d'aventures amoureuses, illustré de nombreux dessins hors texte, couverture en couleurs de D. MULLET.. 3 fr. 50

Les trois Cocus, rom. comique, par Léo TAXIL. Nouvelle édition, illustrée de 231 dessins des plus amusants par le célèbre caricaturiste PÉPIN. Beau volume de 400 pages..... 3 fr. 50

Miserere, par Jérôme MONTI. Un beau vol. 276 pages, illustré de nombreux dessins.. 3 fr. 50

L'Arrière-Boutique, par Georges BRANDIMBOURG, roman de mœurs parisiennes, couverture de REDON, belles illustrations de JACQUES et D. MULLET.. 3 fr. 50

Le Fils de l'Assassin, par Auguste VILLIERS. Un volume in-18, couverture illustrée coul., 30 dessins; 288 pages..... 3 fr. 50
> Roman moral et philanthropique, offrant un moyen de relever et de protéger les enfants des condamnés.

Les Reines du Trottoir, par Aug. VILLIERS et A. DEVANCAZE, curieuse et attachante étude sur la prostitution, les bas-fonds de Paris, et les repaires de souteneurs. Un beau volume de 252 pages, illustré de 30 dessins et 15 en-tête de chapitres et culs-de-lampe par LAGARRIÈRE et JOANÈS, avec couverture coloriée.. 3 fr. 50

Messieurs les Alphonses, (suite aux *Reines du Trottoir*), des mêmes auteurs; récit impressionnant sur les meurtres, vols et guet-apens commis par les souteneurs et les filles. Etude de mœurs réaliste. Un superbe volume de 276 pages, illustré de plus de 30 dessins de nos meilleurs artistes, avec couverture illustrée et coloriée... 3 fr. 50

Minette (*Histoire d'une jeune fille sage*). Titre chaste, illustrations plus que drôles....................................... 3 fr. 50
> Cette belle Minette est une héroïne à la Paul de Kock. Elle se tire fort adroitement d'un tas d'aventures burlesques et galantes et arrive à l'honnêteté conjugale fièrement, ainsi qu'un bon jeune homme ayant jeté sa gourme. On ne recommande pas ce livre aux jeunes filles à marier (il y en a beaucoup qui le trouveraient trop naïf).

Cœur immolé, par Louis LATOURRETTE. Un magnifique volume de luxe; illustré de 4 lithographies hors texte, couverture illustrée de Jack ABEILLÉ... 3 fr. 50
> Roman de mœurs contemporaines, étude approfondie et captivante que voudront lire tous ceux que passionne la belle littérature.

Fille ou Femme, par Antonia RESCHAL. Un volume, imprimé sur papier de luxe et orné de nombreuses illustrations de DENIZOT, couverture illustrée.. 3 fr. 50
> Roman de mœurs parisiennes dans lequel l'auteur a su décrire d'une façon merveilleuse les dessous du cœur humain.

La Jolie Cigarière, par Marc MARIO. Grand roman de drame et d'amour, illustré de nombreux dessins. Couverture en couleurs.. 3 fr. 50

L'Amour et les Baisers, par Paul DE SAINT-MERRY, un beau volume illustré de nombreux dessins, couv. en coul. 3 fr. 50

Au Temps d'Amour, roman émouvant, par Paul ROUGET; couverture de Maurice NEUMONT.................... 3 fr. 50

Cabotines d'Amour, par Lucien DESTELLE, récits intéressants, lestement contés et simplement exposés, initiant le lecteur à la vie d'une ballerine de café-concert. Un beau volume in-18 jésus de 252 pages, orné de nombreux dessins de LAGARRIÈRE, ROB-ROY et ROCHER, couverture illustrée et coloriée. 3 fr. 50

Fleur de Chair, par Frédéric DARGENTHAL, un beau volume de 252 pages, illustré de nombreux dessins inédits. Roman de mœurs. Aventures mouvementées d'une paysanne devenue cocotte. Scènes de la vie parisienne; couverture illustrée et coloriée.......................... 3 fr. 50

Marchande d'Amour, *Maison Rosine*, par Jean BRUNO. Roman d'études initiant les lecteurs aux mystères des maisons de rendez-vous; beau volume inédit de 252 pages, illustré de nombreux dessins de Léon ROZE; couverture en couleur de Victor SPAHN........................... 3 fr. 50

Les Enfants d'une Gueuse, *Maison Rosine* (suite de *Marchande d'Amour*), par J. BRUNO. Roman tragique de mœurs réalistes, illustré de 30 dessins inédits de Léon ROZE; couverture illustrée en couleur .... 3 fr. 50

La Cantharide, par V. JOZE, roman de mœurs franco-américaines; couverture en couleur de Jack ABEILLÉ.... 3 fr. 50

Paris-Gomorrhe, mœurs du jour, par Victor JOZE, dessins de Jack ABEILLÉ, Paul BALLURIAU, Georges EDWARD, LUBIN DE BEAUVAIS, Luc LEGUEY, MALATESTA, Maurice NEUMONT, D. GALOP, couverture en couleur.................. 3 fr. 50

Franc-Cœur, par Ange REBELLE. Un volume, avec illustrations d'Alphonse GALLAIS..................... 3 fr. 50

Le Vice en Algérie, par Marcel DEBIEFS. Un volume illustré de nombreux dessins de CLAVERIE, couv. coloriée,.... 3 fr. 50
    Curieuse étude de mœurs civiles et militaires de l'Algérie contemporaine.

Une Histoire d'Amour, par Paul MARIÉTON. Un beau volume de 265 pages........................... 3 fr. 50

Naïs Vivette, par René DUBREUIL, roman de mœurs passionnant et attachant. Un magnifique volume sous couverture illustrée et 4 lithographies hors texte de DILLON....... 2 fr. »

La Débauche, par Louis BESSE. Grand roman de mœurs parisiennes. Couverture en couleurs de ROEDEL........ 3 fr. 50

Le Désir, par Georges ROUXEL. Roman de mœurs. 1 volume in-18 illustré par Henri POUBLAN.................. 3 fr. 50

A rebrousse-poil, par Paul ERIO. Nouvelles désopilantes. 1 volume in-16 illustré......................... 2 fr. »

Gerbe de Chrysanthèmes, par René de LA MÉRILLÈRE. Beau volume; couverture illustrée par POULBOT........ 3 fr. 50

Les vices du Peuple, par le Dr Bouglé, Misère et folie provoquées. Habitudes vicieuses. Fraudes, passions, vices professionnels, abortifs, demi-vierges, fausses vierges, traite des vierges à Londres, amour et mariage, prostitution, fécondation, dépopulation, stérilité, maladies secrètes, etc., etc. Un fort volume.. 3 fr. 50

Les bas-fonds du crime et de la prostitution, par M. Jean, ancien inspecteur principal de la Sureté. illustrations et croquis d'après nature par Lubin de Beauvais, couverture en couleur par Couturier.. 3 fr. 50

La petite Nana prostituée, par Jean Jacques-Soleil. roman passionnel. Un beau volume in-18 jésus illustré par Georges Redon. Couverture en couleur................................ 3 fr. 50

> Ce curieux ouvrage présente une très suggestive étude du monde des filles et des bas-fonds parisiens. C'est le livre de toutes les femmes, vibrant tour à tour de passions charnelles et de dévouements superbes, au sein de la pire débauche.

La femme et l'épouse, par Paul de Saint-Merry, beau volume illustré.. 3 fr. 50

La débauche à Paris, par Jean de Merlin, roman de mœurs, série d'etudes réalistes montrant aux lecteurs le vice parisien tel qu'il est. 1 volume, couv. en coul., de Lemaistre. 3 fr. 50

Les nouveaux mystères de Paris, par Victor Joze. un beau volume de 428 pages. illustration de Jack Abeillé Maurice Neumont, Carl Hap, Lubin de Beauvais et Luc Luguey. Couverture illustrée de Heidbrinck...................... 3 fr. 30

Le Tutu, par la princesse Sapho, roman de mœurs fin de siècle avec une planche de musique céleste et une composition symbolique de Binet (volume rare)...................... 3 fr. 50

J'aime ma femme, par Léon Ferbeyre, roman contemporain, couverture en couleur par Couturier................ 3 fr. 50

Mémoires d'une fille de joie, par Alphonse Gallais, roman de mœurs ultra-galantes aux révélations sensationnelles. Un beau volume de 252 pages, illustré, couverture en couleur.. 3 fr. 50

La Femme en Orient et en Extrême-Orient, par J Fauconnay et H. Marini, piquantes révélations sur les mœurs indigènes.. 2 fr. 50

COLLECTION ORCHIDÉE :

La Chair qui aime et la Chair qui tue, par Marc de Montifaud. 1 volume................................ 3 fr. 50

Cri-Cri, par Jeanne Landre, roman passionnel, orné de 30 illustrations hors texte. 1 volume.................... 3 fr. 50

Mademoiselle Chloë, par Armand Silvestre. 1 vol. 3 fr. 50

Collection nouveau siècle (*illustrations photographiques*).

Brune et Blonde, par Louis Xavier de Ricard.... 2 fr. »
Les Lois de la Princesse, par Maurice Montaigu. 2 fr. »
L'Otage, par René Maizeroy........................ 2 fr. »

Collection Album.

Les femmes en chemises. Grand album de 29 grands dessins ultra-galants, par Couturier..................... 2 fr. »
Nos folles maîtresses. Album de 29 grands dessins en noir et en couleurs... 2 fr. »
Rires et grimaces. Un superbe album illustré par Forain, Caran, d'Ache, Pille, Villette, Godefroy, Guillaume, Fau, Couverture en couleur de Jan van Beers............ 2 fr. »
L'album : la noce. 25 grands dessins de Couturier tirés en noir et en couleurs................................. 2 fr. »
Ces 4 albums sont envoyés contre 6 francs net.

Collection à 50 cent. le volume :

LA CUISINIERE POPULAIRE, par H.-M. Audran,..... 1 volume.
GUIDE DES NOUVEAUX MARIES, par Marius d'Arbaud. 1 volume.
HYGIENE PRATIQUE DU MARIAGE, par M. d'Arbaud. 1 volume.
LE NOUVEAU CODE DU JOUEUR, règles complètes, par Ni-Luje.. 1 volume.
RICHARD-CŒUR-DE-LION roman célèbre de W. Scott, 1 volume.
L'HOMME QUI A PERDU SON OMBRE, roman fantastique, d'après Andersen, par Chamisso.................... 1 volume.
LES CHARMES DE PETRONILLE, nouvelles, par G. Brandim-Bourg.. 1 volume.
CONTES ROSES ET ROSSES, par Louis Besse.......... 1 volume.
LAISSE-MOI RIRE, nouvelles, par Han-Tifer........ 1 volume.
LES SECRETS ADMIRABLES DU GRAND ET DU PETIT ALBERT, préface et annotations de Ni-Luje..................... 1 volume.
A TRAVERS LES MERS DU SUD, préface, notice et remarques, par E. Juin.. 1 volume.
LE DOUBLE COCU, par M. Bermont, illustré........ 1 volume.